HUGO DE AZEVEDO

LIÇOES
DO BURRO

3ª edição

@editoraquadrante
♪ @editoraquadrante
▶ @quadranteeditora
f Quadrante

São Paulo
2024

Copyright © 2014 do Autor

Capa
Provazi Design

Dados Internacionais de Catalogação na Publicação (CIP)

Azevedo, Hugo de
  Lições do burro / Hugo de Azevedo — 3ª ed. — São Paulo: Quadrante, 2024.

  ISBN: 978-85-7465-598-7

  1. Burros (em religião, folclore, etc.) 2. Ensaios 3. Josemaria Escrivá, São (1902-1976) 4. Virtudes I. Título

CDD-242

Índice para catálogo sistemático:
Burros : Virtudes 242

Todos os direitos reservados a
QUADRANTE EDITORA
Rua Bernardo da Veiga, 47 - Tel.: 3873-2270
CEP 01252-020 - São Paulo - SP
www.quadrante.com.br / atendimento@quadrante.com.br

SUMÁRIO

DUAS PALAVRAS.................................... 5

1ª lição - Em primeiro lugar, a humildade .. 25

2ª lição - Saber ouvir................................. 29

3ª lição - O amor..................................... 35

4ª lição - A austeridade 39

5ª lição - Obediência 45

6ª lição - Qualquer trabalho é bom 51

7ª lição - A boa rotina............................... 57

8ª lição - O burro, líder (o que é diferente
de líder burro)................................... 65

9ª lição - O zurro (ou a naturalidade) 71

10ª lição - A delicada rudeza 77

11ª lição - A paulada 83

12ª lição - As consolações 89

13ª lição - O estudo 93

14ª lição - A estrela da vocação 99

15ª lição - Hosana! 105

16ª lição - O burro de romaria..................... 111

17ª lição - O burrinho cansado..................... 117

18ª lição - O pandeiro dos Anjos 121

DUAS PALAVRAS

Quando o meu velho amigo Emérico da Gama me sugeriu a ideia de escrever um opúsculo sobre o burro de nora, que ambos nos habituamos a estimar, em seguimento do Fundador do Opus Dei, como figura da perseverança humilde no trabalho quotidiano, logo me apeteceu aceitar, e logo me pareceu impertinente fazê-lo. Pois, como escrever sobre o jumento, sem destruir o encanto, o bom humor e a elevação com que dele nos falava São Josemaria Escrivá?

Para me convencer, enviou-me um erudito artigo de Gilles Lapouge dedicado "ao jegue", e outro belo artigo de João Ubaldo Ribeiro sobre "O jumentinho de Nosso Senhor" que, por sinal, despertaram em mim gratas recordações de infância. E me convenceram.

Se esses dois conhecidos jornalistas se deixaram atrair pelo jumento e fizeram dele um panegírico, por que não hei de eu de glosar também — embora sob um ângulo diferente — essa figura que era tão querida a São Josemaria: e da qual extraía valiosos ensinamentos para a vida do cristão?

Sem qualquer pretensão de plagiá-lo, não posso esquecer, porém, a profunda impressão que me produziam os seus comentários "jocoso-espirituais" acerca do burrico. É sobretudo a essas lembranças pessoais que recorro, tendo presentes, no entanto, a grande biografia de Vázquez de Prada, e as várias obras do santo Fundador, a começar por *Caminho*, e as edições crítico-históricas deste livro e de *O Santo Rosário*[1].

---

(1) Andrés Vázquez de Prada, *O Fundador do Opus Dei*, 3 vols., Quadrante, São Paulo, 2023; *Camino: Edición crítico-histórica preparada por Pedro Rodríguez*, Istituto Storico San Josemaría Escrivá, Rialp, Madri, 2002; *Santo Rosario: Edición crítico-histórica preparada por Pedro Rodríguez, Constantino Anchel e Javier Sesé*, Istituto Storico San Josemaría Escrivá, Rialp, Madri, 2010.

I. LAUS ASINI

É muito antigo o jeito de extrair dos animais lições para os homens. E com toda a razão, visto que, além de sermos seus irmãos, como criaturas de Deus, e eles nossa companhia nesta vida terrena (e quem sabe se na outra), foram feitos de tal modo que nos servem de caricaturas. Por mais estranhos que se nos apresentem, há entre eles e nós semelhanças cômicas, diretas, subtis ou brutais, que nos interpelam. Já Bergson dizia que o homem só se ri do próprio homem: quando achamos graça aos bichos, não rimos deles, mas de nós mesmos, da sua parecença conosco, revelando-nos traços exagerados da nossa própria figura, quer no aspecto anatômico, quer no do comportamento.

As crianças aceitam sem dificuldade histórias de bichos que falam, e os adultos compreendem as muitas lições que nos dão os chamados "bestiários", gênero literário e moral de todas as culturas antigas e modernas. Não é que os bichos falem, mas fala o Criador por eles. *Sede prudentes como as serpentes e simples como as pombas*, diz-nos Jesus nos

Evangelhos (Mt 10, 16). Cada animal é uma lição para o homem. Uma, e muitas, quanto mais os conhecemos e contemplamos.

O jumento é um dos mais inspiradores, inclusive para os místicos. A *Laus Asini* ("O louvor do asno") chegou mesmo a constituir uma espécie desse gênero, cultivada por vários autores medievais e renascentistas. E para os últimos tempos, bastaria lembrar o belo poema de G. K. Chesterton — *The Donkey* —, as *Memórias de um Burro*, da Condessa de Ségur, as poesias de Guimarães Rosa ao boi e ao burro dos Presépios, *Platero y Yo*, de Juan Jiménez, e até os divertidos burros de Walt Disney, etc. E teve realmente no nosso tempo um "cultor" de primeira categoria: São Josemaria Escrivá. Lembro-me até de que ele teria gostado de escrever um livro intitulado *Vida e ventura de um burrico de nora*.

Para nós, o burro tornou-se a imagem da perseverança, da humildade, da fortaleza, enfim, da docilidade simples, mas esforçada, à vontade de Deus. Para o Fundador do Opus Dei, era algo mais profundo e íntimo, com história de longa data. Desde 1930, pelo menos, era de certo modo para ele era uma necessidade: haviam sido tão grandes as graças recebidas do Céu para o preparar, e depois fundar, em 1928, o Opus Dei, que a humildade se lhe impunha, não só como verdade bem sentida, mas também como defesa interior contra qualquer assomo de vaidade. A que se compararia? A um mero instrumento de Deus, ou ao jumentinho que levara Jesus na entrada triunfal em Jerusalém... Só faltava que o jerico se visse como o objeto das aclamações populares! São Josemaria era apenas um instrumento, e um instrumento "inepto e surdo" — dizia — que o Senhor escolhera "para mostrar que a Obra era Sua", não de um homem qualquer. Nós escrevemos com uma caneta — dizia também —, mas Deus é capaz de o fazer com a perna de uma mesa, para que se veja claramente que é Ele quem escreve. Qualquer tentação de merecimento ou capacidade por sua parte lhe parecia profundamente ridícula. "Eu não sei nada, não posso nada! Sou — o nada!", repetia com plena convicção. Por isso afirmava que o Opus Dei começara sem um centavo e sem uma virtude; só havia "graça de Deus, juventude e bom humor".

Sim, bom humor não lhe faltava. A humildade sincera não produzia nele qualquer espécie de tristeza ou complexo de inferioridade; era precisamente uma das razões da sua alegria: que bom humor o de Deus, ao utilizar um instrumento tão fraco e desproporcionado como ele para uma Obra tão grande! Ele não passava de um pobre jumentinho, com a única missão de levar Cristo ao mundo, e queria cumpri-la — pedia — ainda que tivesse de ser santo "à paulada!" E não lhe faltou pancada, realmente: dores, doenças, escuridão, incompreensões, calúnias... de que nunca se queixou, porque as esperava. Eram o bendito Sinal da Cruz.

Outras vezes, comparava-se a um simples envelope, que leva uma carta preciosa; uma vez lida a carta, deita-se fora o sobrescrito, como inútil... — embora esperasse que Deus não o deitasse fora, comentava com filial confiança.

Para vincar ainda mais a sua indignidade, assinava as suas cartas ao diretor espiritual com um "b.s.": burro sarnento! Burro, e burro com chagas, pecador: "Um pecador, que ama Jesus Cristo", outra expressão com que se definia. Outras vezes, decidia "ser burrinho, mas não sarnento", limpo pela graça divina.

Só ele e o seu diretor entendiam as duas iniciais. Mas eis que um dia (15-12-1931) se viu atacado na rua por um de três homens que vinham em sentido contrário! E, antes que pudesse defender-se, adiantou-se um deles, impediu a violência do companheiro furioso, e passou adiante sussurrando-lhe em tom de burla: "Burrico! Burrico!"... Alguém de outro mundo conhecia o seu segredo!

Não havia dúvida, pois, de que a imagem do jumento era importante e adequada à sua situação espiritual. *Ut iumentum factus sum apud te* —"fui como um jumento diante de Ti" — lera no Salmo 72. E repetia-o com gosto, contente por encontrar na expressão do salmista a exata disposição da sua alma. Já não se tratava de uma simples expressão de humildade, mas de um ato de absoluta submissão e docilidade a Deus, apesar das suas fraquezas: "Pobre burrico!", exclamava. E diria certa vez que desejaria ter a firmeza do jumento no cumprimento dos propósitos de cada dia!

Dos animais, nomeadamente do burro, muitos extraíram lições; não conheço, porém, quem se tenha identificado tanto com ele como São Josemaria. A tal ponto, que tomava como um dos seus padroeiros Santo Antão, patrono dos animais de curral: *Sancte Antoni, ora pro me!*, gravou ele numa imagem popular do santo eremita. Com o jumento, não aprendia apenas; *era-o!* Ele era o burrinho de Jesus, para O agasalhar no Presépio, para O levar aonde o Senhor quisesse, para O apresentar em triunfo às multidões! "Eis o teu burrinho!", rezava ao Menino na manjedoura...

Mas foi numa dessas ocasiões, em Burgos, em 4 de fevereiro de 1932, que a sua alma estremeceu, ao ouvir distintamente a resposta de Deus: "Um burrinho foi o meu trono em Jerusalém!" Aflito, quis convencer-se de que se havia enganado: pois não dizia o Evangelho que Jesus montara uma jumenta e não um jumento? Correu a casa para se certificar, e descobriu que o Evangelho falava da jumenta, sim, mas que o Senhor se tinha servido do "filhote", talvez acompanhado por ela, que o tranquilizaria ao ser montado pela primeira vez.

São Josemaria não se equivocara! E mais procurou humilhar-se. Burro sarnento? Pior ainda: ele era... um "caixote do lixo"! Sentia a necessidade de se fazer cada vez mais pequeno, abandonado totalmente à Vontade amorosa do Pai, reconhecendo a sua rudeza infantil e tornando-se cada vez mais criança: "O burro de Jesus quer ser menino!"

Ut iumentum! — "como um jumento!" — passou a ser nele uma jaculatória frequente até ao fim da vida e um conselho que dava aos seus filhos: "Semper ut iumentum! Et in laetitia!"— Sempre como um jumento! E com alegria! Todo um programa de serviço, de amor, de felicidade!

II. O BURRO DE NORA

A partir de 1938, atraiu-o especialmente o burro de nora. Houve quem recordasse a data com precisão: foi no percurso de León a Veguellina de Órbigo feito em um carro alugado, para apanhar o trem que o levaria a Santiago, em 17 de julho desse ano. "Durante o trajeto, o Padre dirigiu-nos a meditação [...]. Deve ter-se inspirado naqueles campos, em que se viam muitas noras com os seus burricos. Esse trabalho é esforça-do e contínuo — monótono, se assim se quiser —, mas eficaz. É esse trabalho que vai enchendo os canjirões que derramam a água pelos campos e os cobrem de verdura e de fecundidade. "Reparai — dizia-nos — que o pobre burro vai dando nada menos do que tudo o que pode, com toda a paciência. E dá-nos o exemplo de como devemos servir a Deus". Aí estava a imagem da luta diária pela santificação na vida corrente, cerne da mensagem do Opus Dei[2]:

------

(2) Dentro da "teologia do burrico" — como chama, "com certo humor", a edição crítico-histórica de *Santo Rosário* à elaboração espiritual da imagem do jumento pelo Fundador do Opus Dei —, o burro de nora repre-senta uma nova fase, aberta a qualquer alma. É muito sugestiva neste sentido a primeira nota histórica do segundo "mistério gozoso" desse livro: "A Visitação de Nossa Senhora à sua prima Santa Isabel". Conta-nos a mudança feita por São Josemaria ao texto original, por indicação do seu confessor. Nesse primeiro texto, São Josemaria "era" o burrinho que levava às costas a Virgem Maria, puxado pelo cabresto por São José: "Sirvo de trono à Mãe de Deus!", exulta o jumento... "Isto, só para o senhor", escreveu-lhe o censor. E ele cortou do texto a exclamação do jumento. Mas, como,

"Bendita perseverança a do burrico de nora! — Sempre ao mesmo passo. Sempre as mesmas voltas. — Um dia e outro; todos iguais.

"Sem isso, não haveria maturidade nos frutos, nem louçania na horta, nem o jardim teria aromas.

"Leva este pensamento à tua vida interior" (*Caminho*, n. 998).

Quando escrevo isto, estou no Alentejo. Da minha janela, o panorama é perfeito! Recortado no azul do céu, vejo o moinho caiado, erguido no cimo do outeiro crestado pelo estio e pontilhado de sobreiros: os famosos "chaparros", atarracados, fortes, firmes, cada um ele só, como se fosse um homem! Mais além, na linha do horizonte, a nesga verde-nublada do outeiro seguinte, picotada de um alvo casario. E ao perto, já

---

ao suprimi-lo, a sintaxe da redação se complicava, resolveu, pura e simplesmente, omitir a referência ao burrinho. Foi pena? Talvez. Quiçá, porém, com uma vantagem: a "teologia do burrico" passa da feição pessoal, íntima, de Josemaria, e cobra uma feição alargada, útil a qualquer fiel piedoso.

em campo espraiado, um rebanho de ovelhas, sacudidas pelo latido do cãozinho e as ordens do pastor, fazendo tinir badalos e encaminhando-se para a pastagem da manhã. Um galo canta a hora exata do sol. Desce uma andorinha em voo picado e cruza-se com outra em ultrassônico...

E, se me debruço um pouco, aqui mesmo defronte, em baixo, que vejo? Uma imponente nora! Fazendo ampla clareira, entre pinheiros, figueiras, abetos, a palmeira, o chorão e a festa cor-de-rosa de um frondoso loendro, aí está ela! Parece de propósito! O poço enorme é cercado por dois muros concêntricos, entre os quais outrora caminhava laboriosamente o jumento — ou talvez dois, em lados opostos. Só lhe faltam o burro e o varão de ligação ao eixo. Porque o mecanismo central, bem pintado de verde e bem oleado, ainda funciona: o eixo que faz circular três rodas dentadas, convertendo a força de tiro, horizontal, na vertical de dois largos rodízios, onde trabalhavam as roldanas de baldes; mais as bicudas caleiras metálicas, que derramavam a água, para um e outro lado, na concavidade circular no muro interior do poço. Quem me dera ter assistido à música ritmada das ferraduras, ao gemer dos metais, e a água a saltar, a correr, e por fim a gorgolejar pelas duas bocas de escoamento, em viagem subterrânea até um tanque longínquo!

Não há dúvida: aos burricos se devia a verdura daquela espécie de oásis em pleno Alentejo! Agora, as máquinas o conservam. Benditas sejam, mas já não têm tanta graça Até o branco moinho, belo, altaneiro, mas sem as antigas velas a girar ao vento, parece mirar do alto a planura com saudade de velhos tempos... Salvem-se ao menos as ovelhas, que não mudaram de estatuto, mais o pastor e o seu cãozinho. E os galináceos a dar as horas. E as superiores andorinhas.

Mais de uma vez, ouvi a São Josemaria o louvor do jumento, "cara séria, de catedrático" — e já começávamos a rir —, "orelhas grandes, como antenas, e os olhos úmidos para o dono..." De repente, umedecem os meus, de saudade... Com que carinho e graça, e profundo sentido sobrenatural, São Josemaria nos fazia admirar o burrico! Parecia-me ver o humilde animal ali mesmo diante, e até cheirá-lo! O cheiro do burro é bom, garanto-lhes. Sei disso. Eu gostava de ir à corte do burro[3], do outro lado do terreiro, em casa dos meus avós. É um cheiro acre, mas limpo, fresco, de ervas pisadas.

O criado que tratava dele, o Antônio da Emília, ás vezes aparelhava-o, punha-me em cima e conduzia-nos até ao Migarelho, um riacho fresco em que o jumento se dessedentava com gosto, e de lá voltávamos pelo mesmo carreiro de pedras, escavado pelas rodas dos carros de bois, chiando. Lembro-me bem dele, pelagem negra luzidia, cabeçorra preta, focinho branco, grandes orelhões e olhos negros, enormes,

---

(3) A "corte do burro": leia-se córte e não côrte. Chama-se assim, no norte de Portugal, à dependência coberta onde ficavam os burros, bois ou cabras, e até o porco, por baixo da própria casa em que morava o lavrador, ou então separada dela por um terreiro. Era este o caso. E desse lado, por cima do piso térreo, onde estavam a corte, o forno do pão e o lagar, havia o mágico sótão, pejado de coisas velhas, desde a máquina de encher cartuchos de espingarda até à caixa de rapé da Tia Henriqueta! E que cheiro a maçãs, amadurecendo ao sol sobre uma velha manta!... Que saudades! Mas voltemos ao burro.

pestanudos. Só não me lembro do nome. Quando o visitava no curral, ficávamos a olhar-nos em silêncio. Eu gostava dele. Ele esperava de mim qualquer coisa. Atirava-lhe um molho de ervas, era o que podia. E o burro aceitava logo. Enfim, éramos amigos, tanto quanto o permite a diferença de línguas.

Embora São Josemaria não tivesse chegado a escrever a "Vida e ventura de um burro de nora", quis que a sua "estória" ficasse representada nas "misericórdias" do cadeiral de um Oratório da sede central do Opus Dei.

É velha tradição das catedrais pegar em baixo dos assentos móveis do coro uma peça que sirva de apoio aos cônegos — "por misericórdia" para com os mais velhos; daí a designação — quando a liturgia manda recitar ou cantar o saltério de pé. São Josemaria aproveitou essa tradição coral e ornamental para deixar talhada em madeira a amável figura do jumento. São vinte e um baixos-relevos, lavrados com vigorosa simplicidade pelo artista que seguiu as suas indicações.

Quando falava do "seu" burro, note-se, São Josemaria não queria que o imaginássemos "um burro velho e teimoso, capaz de um coice traiçoeiro", não; mas um jumentinho jovem, "de trote alegre e decidido". E, nessas "misericórdias", ali aparece ele, no meio do campo, de cabeça erguida ao céu, focinho captando aromas e orelhas atentas aos variegados sons do arvoredo; noutra cena, de sela posta e rédeas laçadas a uma argola, arreado para sair de viagem; noutro quadro, ofegante, puxando a carroça carregada de sacos; noutro, de focinho metido na manjedoura, mastigando a ração; ou rapando a grama; ou sorvendo a fresca água da fonte.

Ali está ele também, dando voltas à nora; ali se retrata, escoiceando em cheio um lobo que o ataca à traição; ali o vemos de parelha com outros burros, bons amigos, porque a união faz a força; e ei-lo ainda, dentadura à mostra, a dar um zurro solene, de respeito; e depois à frente de possantes mulas, porque, embora mais fraco, ele é que sabe o caminho. Por isso, nos campos de Aragão, era chamado "o inteligente", lembrava-se São Josemaria. E tão inteligente, que até o vemos, noutra "misericórdia", de pescoço curvado e olhar curioso sobre um livro aberto... Vemo-lo também, em outro quadro, ajaezado a primor em festa de romaria; ou pisando mantos que se lhe estendem respeitosamente. E, ao cair da tarde, após o dia intenso, de patas recolhidas, sobre a cama de feno, olhos vagos de sono...

Algumas vezes um Anjo o acompanha, ora para lhe sussurrar palavras doces, ora para lhe abrir caminho, mas também para o zurzir quando se distrai com as apetitosas verduras das bermas da estrada; para depois o recompensar com uma guloseima, ou enfeitá-lo com uma estrela na fronte. E, finalmente, para o recordar *post-mortem*, tocando suavemente um pandeiro feito da sua pele gasta e resistente, com que o bom jumentinho continua a ser útil a quem serviu.

Só não aparece estirado, ridículo, patas ao ar, coçando-se e saracoteando-se na terra poeirenta. Mas o burrinho de São Josemaria também se espolinha, sim senhor. Também é cômico, e pouco se importa com isso. "Porque sabe que é burro", explicava o santo, e basta.

III. O CATEDRÁTICO

"Cara séria, de catedrático..." Ríamos com a cara séria que punha São Josemaria ao falar do burrinho, e nenhum catedrático resistiria a rir também. Era uma brincadeira de vários sentidos. O jumento é um animal sério; o catedrático costuma tomar-se a si próprio muito a sério, como animal superior ao comum dos mortais. O burrinho dá muitas lições importantes; e o catedrático dá muita importância às suas lições...

Já sei que há muitos catedráticos simples, humildes, santos e com grande sentido de humor; isto é, que há muitos catedráticos realmente inteligentes. Mas também é verdade que todos nós temos essa tendência magistral de dar lições aos outros "de cima da burra", definitivos, imperiais. Mesmo em coisa de pouca monta, montamos na cátedra da infalibilidade e lá de cima ensinamos dogmas a crianças. E nessa altura pomos cara séria: ninguém nos falte ao respeito!

A cara séria! Como se divertia São Josemaria quando púnhamos cara séria!

Há tempo para tudo, lemos no Eclesiástico: tempo para rir e tempo para chorar. Mas não para nos darmos importância, nem para o contrário, que vale o mesmo: entrar em complexos de inferioridade. Todos valemos imenso — o Sangue de Cristo — e não valemos nada: *Que tens tu que não tenhas recebido?*, pergunta São Paulo (1 Cor, 4, 7). É sempre tempo de amar, de servir, de viver para Deus e para o próximo, e não para fazermos de nós o centro — positivo ou negativo — do mundo. "Tu... soberba! — De quê?" (*Caminho*, n. 600) E encolhido, por quê? És filho de Deus; não te basta? Olha: se não gostam de ti, é porque têm mau gosto. Acabou-se. Podes estar alegre ou triste, mas sério, solene, isso não.

O outro sentido daquela expressão divertida é literal: efetivamente, o burro é magistral, catedrático dá-nos inúmeras e importantes lições para a vida, incluindo a vida espiritual.

Aproveitemo-las.

O Autor aos 6 anos.

1ª Lição

EM PRIMEIRO LUGAR, A HUMILDADE

A humildade é uma virtude cristã. Não quer dizer que, entre os pagãos antigos e modernos, não haja gente humilde e até humilíssima; só que dantes não a consideravam virtude. Para os sábios de todas as culturas, apenas a moderação era virtude: conhece-te a ti mesmo e não exageres num sentido ou noutro; reconhece as tuas qualidades e os teus defeitos, e não te exaltes nem te humilhes; sê sensato; sê realista; confessa que, em comparação com os demais, és melhor nuns aspectos e pior em outros. Não prestes ouvidos a quem te diz que és um super-homem, nem a quem te diz que não passas de um mero primata. O burrinho não sonha ser cavalo, nem se compara com ele. Aliás, nem pensa.

Chesterton dizia que é fácil aconselhar: "Não te exaltes nem te humilhes". Mas o cristianismo veio dizer-nos no que podemos e devemos exaltar-nos, e no que podemos e devemos humilhar-nos. Para te exaltares, basta que te lembres de que és filho de Deus; para te humilhares, basta que reconheças que és uma criatura e um pecador. Como criatura, estás mais próximo do nada do que do ser; podias nem sequer existir; e como pecador, és um idiota bêbado, capaz de desafiar o teu Criador e Pai bondosíssimo. Mas, por participares da natureza de Deus, "és deus", superior aos Anjos e Arcanjos.

"Não te exaltes nem te humilhes", diziam os velhos sábios. O burrinho diz-te outra coisa: "Faz como eu; não penses em ti. Olha para o nosso Senhor: quase ninguém deu pelo seu nascimento, ninguém Lhe bateu palmas pelo seu trabalho de carpinteiro. Aceitou discutir com quem O insultava, desculpou quem O matava, morreu como ninguém gostaria de morrer, e mostrou-se ressuscitado só a quem O amava: não quis humilhar ninguém. Não se vingou de ninguém, teve pena de quem O atraiçoou, perdoou e continua a perdoar tudo e todos ao mínimo sinal de arrependimento".

Está fora de si! (Mc 3, 21), escandalizavam-se os parentes. Pensavam que tinha enlouquecido. Mas acertavam: Jesus está fora de Si em dois sentidos — por ser o Verbo enviado ao mundo pelo Pai, e porque nos ama loucamente. Quem ama, está "fora de si"; se continua "dentro de si", não ama. E esta é a melhor de todas as humildades: amar. Não sei o que vos acontece, mas a mim dá-me sempre um nó na garganta o episódio da cananeia, uma estrangeira, que pedia aos gritos ao Senhor a cura da sua filha.

— *Eu não fui enviado senão às ovelhas perdidas da casa de Israel!* — recusa-se Ele.

— *Senhor, valei-me!*

— *Não é bom tomar o pão aos filhos e dá-lo aos cães!*

— *Assim é, Senhor, mas os cachorrinhos ao menos comem as migalhas que caem da mesa dos seus senhores!*

Era o que Jesus esperava dela, para nosso ensinamento:

— *Ó mulher! Grande é a tua fé! Seja-te feito como queres* (Mt 15, 21-28).

Esta é a humildade de que Jesus mais gosta: a do esquecimento próprio, por amor. As outras, a da sensatez e a da fé, são boas e necessárias, mas esta!... E logo vemos como, afinal, há tanta humildade no mundo! Quantas mulheres — e homens — não fizeram ou eram capazes de fazer o mesmo que a cananeia por um filho doente, por um parente querido, ou pura e simplesmente por amor! O verdadeiro amor é sempre um "amor de perdição", de esquecimento próprio, de "renúncia a si mesmo", como o Senhor nos diz no Evangelho.

O jumento é imagem da humildade, sempre ao nosso serviço, sem esperar elogios nem recompensas, embora agradeça que o alimentem e lhe deem uma palmadinha no lombo.

2ª LIÇÃO

SABER OUVIR

"Orelhas grandes, como antenas"... Parece burro, mas não perde um som nem um gesto. Todo ele é atenção, vigilância, prontidão. E entende tudo o que lhe dizem: a um estalido, pára; a um assobio, trota; a um "arre", apressa-se; a um toque, vira; a um puxão, inclina-se... Nem precisa de palavras; bastam-lhe as cinco vogais, pouquíssimas consoantes e uns simples ditongos: Ehhh-Ó; Óhh-í; Eh-eh!... Xooo! Às vezes, nem isso: é só pressentir a hora, escutar uns passos conhecidos ou um tinir de ferragens, aspirar os odores daquela manhã, sentir mais ou menos aperto nos arreios...

As suas longas orelhas, que, imitadas em papel, serviram de castigo escolar, são precisamente as antenas da sua rápida inteligência. Ligeiramente voltadas para um lado ou para outro, além de enxotarem moscardos, captam à distância as ordens do patrão, as condições do serviço, os perigos que o cercam. E também exprimem o que sentem, de serenidade ou precaução, de agrado ou cansaço, de familiaridade ou estranheza.

Oxalá a nossa consciência fosse assim tão sensível à voz de Deus! Atenta aos pequenos deveres de cada instante e às circunstâncias do momento, para vencer obstáculos e cumprir o melhor possível as obrigações pessoais.

Saber ouvir! Que grande ciência! O soberbo não se escuta senão a si mesmo...

Vamos corrigir: quando dizemos "o soberbo" não estamos a ser justos nem realistas. É certo que todos temos essa tendência de tornar-nos o centro do mundo, mas também é verdade que ninguém é tão completamente doido que não reconheça algumas fraquezas suas e se creia superior a toda a gente. Soberbo, soberbo, só o demônio. Só desse podemos dizer "o soberbo". Nós somos soberbos numas coisas, em outras não;

somos soberbos às vezes, outras não; com umas pessoas sim, com outras não... Com as pessoas que amamos, somos humildes. Um bom sinal é que gostamos de ouvi-las. Ainda que nos apeteça falar, não nos custa interromper a nossa verborreia: calamo-nos; ficamos atentos; estamos dispostos a concordar e a fazer o que lhes agrada...

Esta é outra lição do jumento: não fala de si e está atento à voz do dono. Ora, o nosso Dono é Deus. Escutemo-Lo. Onde? Na consciência, quer dizer, dentro de nós, no "coração", no íntimo.

— Mas eu não ouço nada!...

— Ah, é claro que ouve! Não O vê; mas, ouvi-Lo, ouve. Às vezes até aos gritos: "Isso não se faz!"

Julga que é você? Se o fosse, concordava logo com o que lhe apeteceria fazer; mas não; quando você vai disparatar, uma voz interior, que é a voz de Deus, avisa-o, repreende-o, chega a chamar-lhe nomes: — "Covarde! Mentiroso! Ladrão!..." E quando você pensa em sacrificar-se por alguém, um amigo, um irmão; quando é hora de sair da poltrona e trabalhar; quando se decide a pedir desculpas a quem magoou... não O ouve? — "Muito bem! Bravo! Valente filho!..."

Ouve-O, sim, constantemente; mesmo quando fecha os ouvidos!

Siga o exemplo do burrinho, "com as suas orelhas grandes, como antenas": ouça o seu Senhor, que o ama tanto e só quer o seu bem!

E ouça os seus irmãos, os que vivem, trabalham ou se cruzam consigo. Interesse-se pelo que lhes interessa; procure compreendê-los e alegrar-lhes a vida.

Isto não significa passar o tempo na conversa e que todas as conversas sejam boas. Bem sabemos que não. Ouvir quer dizer estarmos atentos aos outros; em primeiro lugar, àqueles que naquele momento e naquelas circunstâncias têm alguma autoridade sobre nós: os pais, os dirigentes...

Queixava-se um bispo a São Josemaria de que os seus sacerdotes muitas vezes não cumpriam o que lhes recomendava.

— Escreva-o no boletim da diocese — aconselhou o santo.

— Eu escrevo..., mas não me leem!

Eram todos "sacerdotes bons", faziam muito bem a muita gente, mas nem sempre eram "bons sacerdotes", porque nem sempre faziam o bem que Deus lhes mandava. São Josemaria nunca esqueceu o desabafo de um padre:

— Sabe? Sinto muita inveja do meu burro! Serviu-me em sete paróquias, e sempre se portou bem; não tenho nada que lhe apontar!

Ser bom não é fazer coisas boas; é fazer a vontade de Deus! O burrinho não sai por sua conta para dar voltas à nora ou para carregar sacos de farinha, mas só quando o dono lho diz. Trabalha que trabalha até não poder mais, mas sempre atento à voz do dono, "com aquelas orelhas grandes, como antenas"...

Saber ouvir é a primeira condição da obediência e esta, condição *sine qua non* da santidade. *Custos: quid de nocte*? (Is 21, 11), era a pergunta do vigilante do castelo: — "Sentinela, alerta!" Estás no teu posto, desperto, atento? Que se passa por aí esta noite? São Josemaria fazia-nos reparar na importância decisiva da vigilância, tão

33

recomendada por Jesus em muitas parábolas. Disso depende, não só a nossa sorte, mas a sorte dos que estão conosco. Dantes, parecia-lhe bárbaro o tremendo castigo que se dava em tempo de guerra a uma sentinela adormecida, ainda que por cansaço; "mas agora cada vez mais o compreendo!", dizia-nos.

"De que tu e eu nos portemos como Deus quer, não o esqueças, dependem muitas coisas grandes" (*Caminho*, n. 755). Desde que comecemos por ouvi-lo.

3ª LIÇÃO

O AMOR

Mas que graça tem a obediência sem amor? O amor é que dá graça à vida, e até à morte. O amor é que vale: esquecimento próprio, por amor; obediência, por amor; trabalho, por amor; tudo por amor. Por amor e gratidão, como o jumento parece exprimir com aqueles seus "olhos úmidos para o dono". Assim descrevia São Josemaria os grandes olhos, profundos, do jumento. Pode o burro ser feio, mas os olhos não.

Dizia não sei quem que a diferença entre o pessimista e o otimista consiste em que o pessimista olha para os pés da gente e o otimista para os olhos. Os pés raramente são bonitos; os olhos, quase sempre o são. Há quem só repare no que está mal; e quem prefira reconhecer o que está bem: a velha história do copo meio vazio ou meio cheio. É mais justo o otimismo. Se o Senhor declarou no Gênesis que o mundo é bom — e o mundo mais o homem, "muito bom" —, quem somos nós para achar que não? É coisa de insensatos. E de insinceros, porque, mesmo nos piores momentos, nos agarramos a esta vida. Logo, gostamos de viver. Não devemos estar gratos?

Quais terão sido as primeiras palavras de Adão? Estou convencido de que não foram palavras, mas uma interjeição: "Ahhhh!", a exclamação universal de admiração. As palavras vieram depois, e todas com essa raiz, mais prefixos e sufixos. E quando chegou Eva, até já conseguiu compor um galanteio. Não muito bonito, mas expressivo: *Esta, sim, é osso dos meus ossos e carne da minha carne!* (Gn 2, 23). Enfim, foi o que pôde dizer na altura, e Eva terá ficado contente com a recepção entusiasta do noivo.

A disposição radical do homem deve ter sempre essa raiz de admiração e gratidão, ainda que a nossa existência sofra uma carga de trabalhos e dores até ao fim. O jumento é grato ao dono que o alimenta, e o lava, e "fala" com ele, embora o carregue de fardos. E não havíamos nós de amar Quem nos criou do nada, e nos fez à sua imagem, e fala mesmo conosco, e nos prepara uma vida eterna superior — infinitamente superior — a esta vida terrena a que estamos tão apegados?

Não foi por amor que nos fez existir? E não somos imagem de Deus por sermos capazes de amar? Se por amor existimos, não é para amar que existimos?

São Josemaria recordou-nos repetidamente que Deus nos fez pessoas — autoconscientes e livres — precisamente para podermos amá-Lo e amar-nos uns aos outros. O amor é uma relação pessoal, de tu a tu, ou de um eu a outro eu, e portanto única em cada caso, porque a liberdade nos fez todos diferentes, "únicos e irrepetíveis"! Muito gostava João Paulo II desta expressão! O amor de um filho pela mãe, dos pais pelos filhos, de um irmão por outro irmão, são amores singulares, únicos e irrepetíveis, tão diferentes quão diferente é cada um dos que se amam. Não digo que não haja amores "coletivos" — à Pátria, à

Igreja, ao "nosso" clube, à Humanidade, etc. Mas, mesmo nesse caso, cada um ama à sua maneira. O amor não é um impulso gregário; insisto: é uma relação pessoal.

Só mais um acréscimo, aproveitando o título de um livro de João Paulo II sobre o matrimônio, *Amor e responsabilidade*: amor é responsabilidade! Ou, se preferirmos: mede-se pela responsabilidade. Se me sinto responsável por alguém, quer dizer que o amo. Se não me considero responsável por uma pessoa, pela Pátria, pela minha família, pela Igreja..., é porque não as amo. Amar é identificar-se. Quando não me identifico com os outros, eles que vão à sua vida, que eu vou à minha!...

Amor não é um sentimento; são todos eles, conforme as circunstâncias: de exultação, de desespero, de ciúme, de gratidão, de irritação, de perdão, de alegria ou saudade... E muitas vezes, de nada; pura rotina. Mas basta que ele ou ela adoeça, ou esteja em perigo, logo nos salta o coração, logo nos levantamos do comodismo e nos lançamos a socorrê-los: com sentimentos ou sem eles. Afinal, era amor!

4ª Lição

A AUSTERIDADE

"O burro contenta-se com pouco: um molho de erva ou de palha", fazia notar São Josemaria. Contenta-se com o que lhe dão. Não é leão que ruja por meia vitela, nem gato siamês que coma de enlatado. Não tem caprichos; tem fome; mas a ração pode ser sempre a mesma, que ele não se queixa.

Eis outra lição do jumento, e também essa — no nosso caso — relacionada com o amor. Quem ama contenta-se com pouco. Lembro-me do exemplo que dava um conhecido autor espiritual: ingênuo, em criança, julgava que a sua mãe gostava mesmo dos rabos de peixe... Na minha infância, também eu pensava que a minha tinha especial gosto pelas asas do frango... Quem ama, renuncia a gostos e até ao apetite, por amor do amado. Contenta-se com pouco, inclusive com nada, pelo gosto muito maior de dar gosto a quem ama.

O burro é animal sóbrio, exemplo de resistência no trabalho com um naco de alimento. Temos de alimentar-nos, mas quem pode esquecer o que nos dizia a mãe quando éramos "esquisitos" na comida:

— Ó meu filho, quantos andam por aí sem uma sopinha sequer!?

Quantos irmãos nossos sofrem por não terem nada que levar à boca, e eu empenhado em escolher o melhor bocado de uma rica travessa! Quantos caminham a esmo à procura de um abrigo contra o frio que os enregela ou o calor que os consome, e eu impaciente por ter de regular a temperatura ideal do ar-condicionado! Quantos guardam meio litro de água para o dia de amanhã, e eu deixo correr a preciosa água na torneira, só para poupar o gesto de a fechar e reabrir!

Meu Deus, que falta de sensibilidade e, ainda antes disso, que desperdício dos bens que Tu me deste! A mim, que fui colocado na terra para a cultivar e guardar! Habituei-me ao ar que respiro; à luz que dá colorido ao céu, aos montes imponentes, às plantas e animais, a tudo o que me cerca; aos brilhos noturnos; às cidades que outros fizeram; às máquinas que outros inventaram e produzem; às ruas que piso; aos serviços que me alimentam, entretêm e protegem... Entrei no mundo e recebi, sem nenhum custo, riquezas incomensuráveis, como os israelitas na Terra Prometida. Não tenho com que pagar esta imensa fortuna, exceto agradecendo-a a toda a hora, procurando conservá-la com o maior cuidado e acrescentando, pelo meu trabalho, proporcionalmente nada, mas tudo quanto puder, como prova da minha gratidão, a Ti, meu Criador e Redentor, e a milhares de gerações que me antecederam.

Além disso, e apesar das maravilhas que me deste, a nenhuma me quero submeter, porque só Tu és o meu Senhor. E não me apegarei a coisa alguma. São prendas de amor, e valem por Quem as derrama em mim e à minha volta, não por si mesmas. Nem possuo nada que Te dar em troca, senão as próprias joias que de Ti me vieram. Nada possuo, sendo tudo meu, por ser teu filho. Não desprezarei a mais pequena

planta, o mais minúsculo ser, e esforçar-me-
-ei por usá-los com o maior cuidado, pelo
Amor que demonstras para comigo e para
com a humanidade inteira.

Infeliz o jovem rico que se recusou a seguir o Senhor por apego aos muitos bens
que possuía! Foi-se embora, triste... *Abiit
tristis*, diz-se em latim, o que São Josemaria
aproveitava jocosamente para lhe chamar
"a ave triste". Mas triste, por quê, se con-
servava as suas riquezas? Porque, a partir
daquela recusa, percebeu que, afinal, não
possuía nada: eram as riquezas que o pos-
suíam a ele!

A sobriedade é elegância, é nobreza, é
grandeza. Até um jumento, trabalhador
consumado mas indiferente a abundâncias
materiais, me ensina a verdadeira fidalguia
humana. Come o que lhe dão, não escolhe.
Até parece recordar-se do conselho do Senhor: *Comei o que vos puserem diante* (cf.
Lc 10, 9). Não anda com requintes.

Ainda mais: a sobriedade tem grande valor apostólico. Que autoridade, a de
João Batista! Por quê, se não fez nenhum

milagre? Primeiro, porque defendia a verdade sem respeitos humanos, e a verdade impõe-se por si mesma; chega a meter medo. Esse foi o elogio que os próprios hipócritas tiveram de fazer a Cristo: *Mestre, sabemos que és sincero e que ensinas o caminho de Deus segundo a verdade, sem dar preferência a ninguém, porque não fazes acepção de pessoas...* (Mt 22, 16).

Em segundo lugar, pela vida de penitência, que demonstrava o seu desprendimento de qualquer interesse pessoal, de quaisquer vanglórias ou compensações materiais. Também em Jesus era notória a austeridade, não só pelo seu retiro de quarenta dias de jejum no deserto, mas pelo próprio estilo de vida, de fatigante labor na oficina de José, de incessantes caminhadas e pregações, de muitas horas roubadas ao sono para orar, muita vez sem ter *onde reclinar a cabeça* (Mt 8, 20) nem *tempo para comer* (Mc 6, 31).

Recordo uma observação de São Josemaria: se você se mortifica, comendo ou bebendo um pouco menos do que outros, isso não chama a atenção a ninguém. Mas quando algum amigo seu precisa de desabafar ou pedir conselho, com quem vai ter? Com o comilão? Com o beberrão? Com o palrador inveterado? Nunca! Sem reparar, pensa: — Em quem posso confiar? Quem conheço eu sempre senhor de si, sensato e amável? E vai ter com você.

5ª Lição

OBEDIÊNCIA

O burro vai para onde o levam. É um animal útil, porque obedece. Seja para o que for, conduzido por um velho ou por uma criança, a qualquer hora do dia ou da noite, como também fazia notar o Fundador do Opus Dei. E nós? Não temos todos de obedecer desde o berço até à cova? Haverá por aí alguém "independente", autônomo, autossuficiente?

Um dia perguntei a uns meninos:

— Em que idade se deixa de obedecer? — Logo se levantaram várias mãozinhas..., que foram baixando lentamente, sem atinarem com nenhuma resposta. Olhavam para mim, perplexos.

— Pois é, temos de obedecer a alguém durante toda a vida — disse-lhes, captando o que queriam dizer com o seu silêncio.

Sejam os meninos aos pais e aos professores, sejam os pais e os mestres aos seus superiores, sejam os empregados aos patrões, sejam os chefes a outros chefes, sejam todos ao Estado e os fiéis à hierarquia da Igreja, sejam os bispos ao Papa, seja o Papa a Jesus Cristo...

Há uma lenga-lenga da formiga que diz:

— Ó neve, és tão forte, que o meu pé prendes?

— Mais forte é o sol, que me derrete!

— Ó sol, és tão forte, que derretes a neve que o meu pé prende?

— Mais forte é a nuvem que me cobre!

— Ó nuvem, és tão forte que apagas o sol, que derrete a neve, que o meu pé prende?

— Mais forte é o vento, que me leva!

— Ó vento... — etc., até que termina:

— Ó homem, és tão forte, que caças o rato, que fura o muro, que pára o vento, que leva a nuvem, que encobre o sol, que derrete a neve, que o meu pé prende?

— Mais forte é Deus, que me criou!

Todos estamos ligados e, para sermos úteis e nos mantermos unidos, em paz, sempre há de haver quem mande; e acabamos por obedecer uns aos outros e mandar uns nos outros. Porque, muitas vezes até, "quem manda menos é quem manda mais". Quando ouvi isto, lembrei-me logo de uma das empregadas lá de casa, grande cozinheira e de excelente mau gênio: "Fora daqui, cambada!", irava-se, quando nos aproximávamos demais das batatas fritas. E nós, tristemente, obedecíamos.

Ou ainda daquela história, autêntica, de um nosso Presidente da República, em caravana apressada de ministros e secretários, que estaca numa passagem de nível:

— Por que paramos?

— A cancela está cerrada, senhor Presidente.

— Vá ver quanto tempo demora.

— Cinco minutos — vem dizer-lhe o secretário.

— Cinco minutos?! Isso dá tempo para passarmos!

— A senhora da estação diz que não abre — responde-lhe depois o secretário.

— Ó homem! Diga-lhe que está aqui o Presidente da República!

Lá vai ele a correr, e volta, ainda mais envergonhado:

— Ela diz que... nem que fosse o Rei!

Quem mandava ali era ela: mais que o Presidente da República! Ou seja: preparemo-nos para obedecer continuamente — mas a quem devemos. E primeiro ao Rei dos Reis, que nos governa através de mil canais legítimos. E reparemos que, sendo essa a condição humana, por sermos criaturas e seres sociais, tenhamos a fidalguia de obedecer a todos por Deus, por amor de Deus. Que extraordinária dignidade!

Obedeçamos, pois, com solicitude e presteza, como o jumento; e com inteligência, como é próprio de seres racionais, e não como escravos em trabalho forçado.

Quando São Josemaria ouviu o dito italiano *il sangue del soldato fa grande il capitano* (isto é, a grandeza de um comandante é feita à custa do sangue dos soldados), gostou. Era verdade: grande, só o comandante que tenha às suas ordens bons soldados, ainda que pessoalmente seja mediano; e o melhor comandante que disponha de maus soldados, está perdido. Assim como um bom secretário pode fazer um bom empresário, ou um bom ministro, um bom governante, e um secretário idiota pode dar cabo do melhor chefe.

Um chefe precisa de ter certas qualidades, mas nem sempre as possui. Para que serve criticá-lo? Procura tu compensar essa falta com a tua inteligência, prudência, imaginação..., e terás um chefe de prestígio, que te dignifica a ti também. E adquirirás os talentos que notas faltarem nele.

O burrinho não discute chefias; cumpre o que lhe ordenam, venha a ordem de um velho, venha de uma criança.

6ª Lição

QUALQUER TRABALHO É BOM

Lembro-me de que São Josemaria contava o episódio de um bispo, em visita a uma paróquia rural, montado na melhor mula da aldeia e conduzido por um garboso moço do campo. O bispo tentou abrir conversa: — Você deve estar orgulhoso por levar um bispo na sua mula... E o rapaz, encolhendo os ombros: — Sempre pesa menos que uma carga de feno!

Se, para o aldeão, a diferença era essa, para o burro também. Não escolhe a carga, pesada ou leve; o importante é chegar ao fim do dia e merecer ração e repouso, uma vez cumprida a sua tarefa. Grande lição! A vida é repleta de necessidades, desde comer a cantar, e acima de tudo dar glória a

Deus, fim de toda a criatura. Para este fim havemos de usar a nossa existência.

Qualquer ocupação que nos leve a Ele é importante; pouco dá que seja vulgar ou excepcional; o seu valor não coincide com a sua "grandeza" — humana —, mas com o amor a Deus e ao próximo que a motive. Quantas vezes o Fundador do Opus Dei no-lo recordou: "Na linha do horizonte, meus filhos, parecem unir-se o céu e a terra. Mas não: onde de verdade se juntam é no coração, quando se vive santamente a vida diária..."[1]

Sem a graça divina, tudo é vão. Com a graça e o desejo de agradar a Deus, tudo é valioso, valiosíssimo, sobrenatural, eterno, divino. Bem o diz o povo: "O pouco com Deus é muito; o muito sem Deus é nada".

Pois então sejamos "jumentos", que não preferem uma carga a outra, desde que possam aguentá-la. Sem se envaidecerem por levar um rei no lombo, nem se envergonharem

---

(1) *Amar o mundo apaixonadamente*, Quadrante, São Paulo, 2023, n. 116.

por carregar um moleque. Sem esperarem rancho melhorado num caso e jejum no outro, mas apenas o suficiente — "o pão nosso de cada dia" — para continuarem a servir no dia seguinte.

Uns santificam-se desenvolvendo um país; outros, arrumando as camas de um hospital; uns filosofando, e outros vendendo batatas... Por sinal, os chamados "trabalhos humildes" são os mais necessários. Há pessoas carregadas de ouro e fama; outras, de sofrimentos e humilhações (às vezes são as mesmas...); mas isso que importa? "Tudo isso, que te preocupa de momento, é mais ou menos importante. — O que importa acima de tudo é que sejas feliz, que te salves" (*Caminho*, n. 297).

Para quem ama a Deus, tanto faz. Contam que um dia um Cardeal quis conhecer Santa Josefina Bakhita, a escrava sudanesa que foi beatificada juntamente com São Josemaria e também já tinha fama de santidade em vida, a "Santa Negra", como lhe chamavam. Encontrou-a no seu convento, de canossianas, já muito acabada, na cadeira de paralítica, e saudou-a alegremente:

— Então, irmã, que faz por aqui?

— O mesmo que Vossa Eminência — respondeu ela com um sorriso.

— O mesmo que eu?..., — replicou ele, perplexo.

— Sim. A vontade de Deus!

Como Deus é bom! *Porque tive fome e Me destes de comer: tive sede e Me destes de beber* (...) — Quando foi isso?, perguntaremos perplexos. *Sempre que o fizestes a um destes meus irmãos mais pequeninos, a Mim o fizestes* (Mt 25, 35 e 40) — Então, quando eu preparava a mesa e servia o marido e os filhos...? — A Mim o fazias! — Quando eu explicava o caminho àquele homem desorientado... — Quando servia os clientes ao balcão... — Quando eu dei carona àquele velhinho cansado... — A Mim o fazias!

"Pequenas coisas" é o título de um capítulo inteiro de *Caminho*: "Fazei tudo por Amor. — Assim, não há coisas pequenas; tudo é grande. — A perseverança nas coisas pequenas, por Amor, é heroísmo" (n. 813). "Somos mais poderosos que o Rei Midas", que convertia em ouro tudo o que tocava, dizia-nos São Josemaria. "Eu vos asseguro, meus filhos, que, quando um cristão realiza com amor a mais intranscendente das ações diárias, dela transborda a transcendência de Deus"[2].

"Bendita a perseverança do burrinho de nora!"...

---

(2) Cf. *ibidem*.

7ª Lição

A BOA ROTINA

"Sempre ao mesmo passo. Sempre as mesmas voltas. — Um dia e outro. Todos iguais". Assim é a vida, queixamo-nos... mentindo. Pois que seria de nós, se todas as horas fossem diferentes? Uma desordem.

O jumento é animal de rotinas. E o homem também. E o sol. Mais a lua. Os astros, as estações, os trens, o lar, o trabalho, o descanso... Até a guerra. A vida é começar e recomeçar. Tudo o que tomamos a sério, desde as refeições ao futebol, das orações à TV, se converte em repetições, em hábitos. Sem eles, seria o caos.

Imaginemos que um dia o sol não se levantava, que as pereiras davam marmelos e que os hipopótamos voavam... Graças a Deus, as chamadas "leis da Natureza" ("chamadas", porque não é a Natureza que as faz, mas sim o Criador que as impõe à Natureza) são rotineiras, rotineiríssimas, repetitivíssimas! Ou então, imaginemos que um dia nos dedicávamos a cultivar abóboras, noutro a fazer poesia, no seguinte a programar softwares... Que hoje dormíamos numa toca, depois num hotel, depois em cima de uma árvore... Seríamos mais felizes?

Sejamos sinceros: nós gostamos e precisamos da repetição e da ordem. Também gostamos de variar, mas dentro de uma rotina. Sem rotinas não há trabalho eficaz, nem vida de família, nem santificação. Com toda a liberdade que quisermos, sigamos um horário, um programa de vida; com toda a liberdade no que não é obrigação estrita, amemos as rotinas que dão ordem à nossa vida exterior e interior.

O jumento não se aborrece nem se queixa. Aprendamos do irracional a racionalidade das nossas (boas) rotinas. O que importa é vivê-las com amor a Deus e ao próximo. Umas vezes voaremos mais alto, outras mais baixo, e a mesma paisagem — a mesma rotina — nunca será igual.

Mas em certas alturas apetece-nos variar; aborrecemo-nos. Com razão: não é próprio do homem tornar-se escravo de nada. Muito bem: quebremos a rotina de vez em quando, mas com a certeza de que muito em breve voltaremos a ansiar por ela. Não é por almoçar a desoras que nos sentimos melhor, nem por almoçar a horas que perdemos o apetite. Não é por chegarmos tarde ao emprego que o trabalho nos agrada mais, nem por chegarmos a horas que ele rende menos. Não é por deixarmos de rezar de manhã que temos mais devoção, nem por deixarmos de ir à Missa uns dias que nos outros assistimos melhor.

Sim, gostamos de variar. E não só gostamos, mas variamos sempre, porque tudo varia de minuto a minuto, não tanto conforme as coisas, que podem ser as mesmas, mas porque variam as nossas disposições interiores. O certo, é que, sem rotinas, não há família, não há empresas, não há país; mas na família cada dia é diferente do anterior e do seguinte; na empresa, os problemas de hoje não são os de ontem; no país e no mundo, sempre se sucedem acontecimentos diversos... O decisivo, porém, no meio da dispersão, é que renovemos e descubramos ângulos novos no amor com que enfrentamos a variedade ou monotonia da vida diária. Aliás, como poderíamos melhorar no trabalho sem o repetirmos? Não haveria profissionais, mas apenas amadores. Nem haveria virtudes, que são hábitos adquiridos pela repetição de atos bons.

A rotina só é má se formos rotineiros no mau sentido da palavra, isto é, se trabalharmos por inércia, distraídos do que fazemos, e então cada vez mais atabalhoados. A rotina boa é especialização e espírito de responsabilidade; perseverança no aperfeiçoamento do serviço que prestamos e no desenvolvimento próprio. Bela resposta a de uma famosa dançarina: "Eu não procuro ser melhor do que as outras; procuro ser melhor do que eu mesma".

Todos sabemos como um bom artista, um bom atleta, um bom profissional qualquer, tem de cumprir um horário exigente e um plano de trabalho rigoroso. Inclusive os simples amadores conseguem descobrir, no meio do seu ritmo de ocupações, dias e horas para o hobby preferido. Tudo o que tomamos a sério ou nos apaixona acaba por dar origem a um plano, a um programa de vida. Para um cristão que queira santificar-se (e ai de nós se não queremos!), esse plano de vida — familiar, profissional e espiritual ao mesmo tempo — é uma necessidade absoluta. Sem ele, tudo falha.

O programa de vida será tão "elástico" como a própria vida, com todas as suas variações. Mas elástico quer dizer que tenderá sempre a voltar ao modelo original. Senão... deixa de ser "elástico"; passa a rígido — sem vida — ou amorfo, sem programa.

Uma comparação: a vida é um rio; aproveitando o correr das águas, giram nas margens as rodas das azenhas; o seu rodar transmite-se às mós; e as mós transformam o milho em farinha. Assim é a vida espiritual de muitos cristãos: limitam-se a aproveitar da sua torrente vital apenas as margens — umas breves orações vocais ao levantar-se e outras ao adormecer. Fora desses minutos de oração, a vida corre-lhes sem proveito para a alma. Mas vem o engenheiro e diz ao moleiro:

— Por que não aproveita o rio todo?

— E essa agora! Como?

— Fazendo um açude, ou uma represa!

Uma série de pilares primeiro ao largo da corrente; depois umas pedras ou placas de concreto armado a unir os pilares; por fim umas turbinas, por onde a água passa; e temos o rio todo a produzir energia elétrica! E mais! Temos o rio dominado, capaz de manter um caudal controlável, apesar das secas e cheias. Bem sabe o moleiro que, quando a água é demais, sobe acima do eixo da roda e a roda fica parada; e, se o caudal desce muito de nível, parada fica, porque não chega às pás da roda...

O "plano de vida" é a tal represa. O cristão que se limita a rezar de manhã e à noite também tem experiência de que às vezes nem isso consegue, por ter de se levantar às pressas ou deitar-se já a cair de sono. Pelo contrário, se tem um plano de breves costumes piedosos ao longo do dia, mantém-se na presença de Deus o dia inteiro, no trabalho e no descanso. Domina o seu tempo, e a energia espiritual que daí extrai não tem comparação com a que recebia anteriormente. Não perde para a alma uma só gota da vida, nem a vida deixa de correr como dantes. E além disso desfruta de muito mais serenidade. Desfruta ele, e desfrutam aqueles com quem convive. As boas rotinas valem a pena!

O jumento não se aborrece nem se queixa. Aprendamos do irracional a racionalidade das nossas (boas) rotinas.

8ª Lição

O BURRO, LÍDER (O QUE É DIFERENTE DE LÍDER BURRO)

"Na minha terra" (recordemos de novo São Josemaria) "chamavam ao jumento «o inteligente», porque, quando o carrego era muito pesado, que só uma fieira de mulas conseguia transportá-lo, punham o burro à frente para guiá-las. Ele é que sabia o caminho. Por isso lhe chamam também «o sendeiro» — o que conhece as sendas de montes e vales por onde o tem levado o patrão. Às vezes, é ele próprio quem descobre as melhores".

Certamente já ouviram falar de um sistema prático de escolher os caminhos mais convenientes usado em certas aldeias de montanha: põem o burro no lugar desejado, carregado com dois sacos de farinha, tendo o cuidado de fazer antes um orifício nos sacos, e deixam-no voltar ao curral por onde o jumento quiser. O resultado é perfeito: um rasto branco de farinha pela orografia do terreno, a indicar-lhes o mais correto desenho do carreiro a abrir.

Conta-se que um engenheiro achou graça a esse processo rural, e quis fazer troça de sistema tão rudimentar:

— Ainda bem que têm um jumento! Que fariam vocês, se não fosse o burro?

— Nesse caso, chamávamos um engenheiro! — foi a resposta pronta dos camponeses.

Como "inteligente" que é, portanto, o jumento não só deve e sabe obedecer; também lhe toca mandar; e que boa lição nos dá de "liderança"! Já São Josemaria fazia notar que o bom pastor é aquele que vai à frente, guiando o rebanho e escolhendo o melhor caminho para as ovelhas. O mau pastor vai atrás, esperando que as ovelhas se orientem por si mesmas e vençam os obstáculos que se lhes deparem, sob pena de umas pedradas que ele atira às que se desorientam ou se embrenham nas matas. O bom pastor vai adiante, mas bem atento às mais fracas e chamando pelo seu nome ou com um familiar assobio as que tendem a dispersar-se.

O burrico não possui tais capacidades sobre as mulas que precede; no entanto, cumpre bem a sua missão. Sem se julgar mais do que elas, vai à sua frente, condu-las pelo bom caminho e consegue que as pesadas cargas atinjam o seu destino.

Um "chefe" não tem de ser mais competente do que os seus subordinados (agora é preferível chamar-lhes "colaboradores"); embora lhe convenha alguma experiência, a sua tarefa consiste principalmente em conhecer as qualidades (ou "mais-valias") de cada um e aproveitá-las o melhor possível para o objetivo do empreendimento que "coordena" (é assim que se deve dizer agora), sem se esquecer — se é realmente um bom chefe — de "implementar" (terminologia correta) os talentos desses subordinados e favorecer-lhes a carreira. Para não falar já da "felicidade" (agora também termo

67

empresarial, bastante equívoco...) que lhes proporciona.

Pedindo desculpas por estas ironias, convém reparar efetivamente no exemplo do humilde burrico: muitas vezes, o chefe será um empreendedor, homem de iniciativa e mais competente que ninguém; com muita frequência, porém, julga erradamente que, por ter ascendido a um posto de direção, é um gênio ou adquiriu de repente essas qualidades — que talvez nem sejam precisas para a sua função. O bom dirigente não tem por força de mostrar-se superior aos dirigidos nos aspectos técnicos que lhes competem.

Encontrei-me — há muitos anos — com um antigo vizinho que era então Delegado do Ministério Público e fora nomeado Diretor Geral da Polícia Judiciária. Como gosto de romances policiais, mostrei-lhe a minha inveja:

— Deve ter casos de investigação interessantíssimos!...

— Sabe? — respondeu-me ele, com desconsolo — a minha principal ocupação é controlar a polícia...

A sua função não era a da investigação criminal; era simplesmente organizar bem os serviços policiais. Para isso é que era chefe.

O burrinho cumpre simplesmente aquilo que lhe compete; e depois recolhe a penates, ao abrigo. Não trabalha para o currículo, para *ser* um bom líder, mas para *servir* bem como líder, e só enquanto é necessário chefiar. Essa é a melhor liderança.

9ª Lição

O ZURRO (OU A NATURALIDADE)

Dá vontade de rir aquela inspiração profunda em iis e a sonora expiração em ohs, com a cabeçorra levantada e a dentuça à mostra. Não tem nada a ver com o relincho altivo do cavalo, seguido do sopro dos beiços, bem tremido, a resfolegar superioridades sobre a gente. É só um zurro, um valente zurro, atirado aos ventos só para dizer: cá estou!

Compreendo perfeitamente que um zurro desses seja capaz de curar um príncipe, como aconteceu com o anti-herói de Dostoievsky em *O idiota*. É tal a simplicidade e sonoridade de um zurro, que nos deixa perfeitamente convencidos de que o mundo existe e nós existimos — o que é esplêndido!

Dasein!, traduziriam os burros germânicos. O zurro atravessa o ar, sobrepõe-se aos latidos, grunhidos, guinchos, pios, e à barulheira do falatório comum, e, com dois sons apenas, bem puxados, resume toda a filosofia natural.

Natural. Naturalidade. Aí está uma virtude trazida a lume por São Josemaria. Ninguém dava por isso. Quase ninguém reparava que Jesus Cristo, verdadeiro Deus e verdadeiro Homem, foi — e é — naturalíssimo!, humaníssimo! Teve uma família normal, uma normal profissão, uma normal convivência, uma linguagem normal, mais os normais sentimentos, no meio dos normais sofrimentos e das normais alegrias... Descobrir a naturalidade é como descobrir o ar, e o ar enche todo o espaço em que o homem vive! De certo modo, é descobrir a vida. Já alguém dizia que o segredo da longevidade consiste em manter a respiração...

Num dos encontros multitudinários que se transformavam em conversa familiar animadíssima com São Josemaria, alguém levantou o dedo para não deixar escapar a sua vez, e perguntou-lhe:

— Padre, o que é a naturalidade?

— É levantar o dedo, como você; é fazer uma pergunta, como você; e esperar a resposta. Já a tem!

A naturalidade é a simplicidade no trato. É ser como somos, sem solenidades nem esquisitices, sem a tal "cara séria" nem procurar "fazer figura", sem jogar xadrez para apanhar o outro desprevenido, nem tomar ares doutorais, etc. Como deve ser o ar? Limpo, transparente. Como a água que bebemos.

Que bem tem feito esta descoberta a tanta gente na vida espiritual! Porque muitos procuram "sentir coisas" à imitação — ia dizer, dos santos, mas não — dos livros! É verdade que muitos santos — e menos santos — sentiram de vez em quando coisas extraordinárias, como diz um autor espiritual do sec. IV, citado no breviário: ora uma imensa compaixão pelo gênero humano, ora um amor tão grande que os fazia trazer no coração todos os homens, sem distinção de maus e bons; ou então uma tal humildade, que os levava a considerar-se os mais abjetos do mundo; outras vezes, capazes de arrostar a morte mais afrontosa por amor de Deus e das almas. Ocasiões em que experimentavam delícias e sossego inefáveis; ou profundíssimas sabedorias... Outras vezes, porém, como qualquer homem, não sentiam nada de especial.

Para sermos santos, não nos faz falta alguma sentir "nada de especial", e muito menos ter visões, aparições ou "mensagens" a comunicar ao Santo Padre; só precisamos de ter fé. Aliás, os livros de espiritualidade também falam muito de "securas" e de como todos os santos — e menos santos — têm de passar por isso, que não é mais do que "não sentir nada de especial", a não ser cansaço, tédio, vontade de deixar a oração, distrações na Santa Missa, tentações muito ordinárias, etc.

A santidade não está nos sentimentos, mas na vontade (com a graça de Deus, é claro): na vontade sincera de fazer a vontade de Deus a nosso respeito em cada momento. Não está na "perfeição". Aliás, o que é isso? Alguma vez seremos perfeitos? Sim, mas no céu. Aqui na terra é lutarmos por ser melhores. Na luta é que está a santidade: "O constante esforço pela perfeição é que é a perfeição", dizia São Bernardo. Ou São Francisco de Sales: "Há uma perfeição inacessível aos mais perfeitos: é a perfeição na conduta — isto é, fazer sempre tudo bem feito, sem uma falta —; e há uma perfeição acessível aos mais imperfeitos: é a perfeição do coração", ou seja, a sincera vontade de fazer o que o Senhor espera de nós.

Já agora, aproveito para fazer propaganda da "santidade instantânea". Não é o que todos gostaríamos? Mas andamos sempre a olhar para trás, para o nosso passado, e ficamos envergonhados; para a frente, e ficamos desanimados... Por este andar, quando lá chegaremos? Ora, tudo está resolvido na parábola do fariseu e o publicano! O fariseu era perfeito e mais-que-perfeito; do publicano, coitado, é melhor não falar... O primeiro tinha alcançado uma plataforma elevadíssima de perfeição..., e não passava de um idiota! O segundo, reconhecendo a sua miséria, arrependido, só esperava a misericórdia de Deus para se converter — e esse é que "voltou justificado". Voltou santo! Num segundo! Talvez, daí a pouco, fraquejasse, mas, voltando a levantar-se, voltaria à santidade. E é que a verdadeira santidade é esta: a de cada momento! A de agora! A santidade passada... já passou; a santidade a alcançar... ainda não existe! Deixemo-nos de passados e futuros; a vida é o dia que passa; hoje, neste mesmo instante, é que o Senhor espera o meu amor. São Josemaria chamava a isto "voluntariedade atual".

É só do "hoje" que nós dispomos. Essa é a nossa condição "natural". Hoje podemos começar, hoje podemos recomeçar, como qualquer ser vivo que se esforça pela sobrevivência. Não esqueçamos que, para isso, contamos com a graça atual que Deus nos prodigaliza a cada momento.

A que alturas nos levou a "naturalidade" de um zurro!...

10ª Lição

A DELICADA RUDEZA

Parecerá muito rude o bom jumento, e é mesmo. Ninguém lhe peça meiguices de cachorrinho de madame, rom-rons de gatinhos, arrulhos de pombo; mas o dono percebe-o quando o jerico vem ter com ele, sisudo, como sempre, mas em trote lesto, amigável, à espera da palmadinha diária.

Rudes somos nós para com o Senhor, mais do que os burros conosco. E, no entanto, Deus sabe adivinhar finuras de alma em tantas expressões desajeitadas da nossa devoção. Que havemos de fazer, se somos apenas homens? Amá-Lo humanamente. "Eu não tenho um coração para amar a Deus e outro para vos amar a vós", dizia-nos São Josemaria. Que havemos de fazer? Tratar com Ele com a delicadeza que usamos para com os nossos pais, pelo menos. Deus merece muito mais? É evidente! Aprendamos com a Igreja, sua Esposa, a "urbanidade da piedade": através das regras litúrgicas, próprias da adoração a Deus e da veneração aos santos. Repitamos "a oração que o Senhor nos ensinou", os salmos, os cânticos da Bíblia e tantos outros hinos, preces e cantos aprovados pela Igreja. Assim aprenderemos a rezar bem. Mas não deixemos de orar «ao nosso modo», com a espontaneidade de um filho bem educado. E inventemos as nossas próprias orações. Até aí podemos e devemos chegar.

Quando alguém lhe pedia que o ensinasse a rezar, São Josemaria com frequência respondia algo como isto:

— Então é preciso ensinar ao namorado o que deve dizer à namorada? Um filho ao seu pai?

É verdade que o nosso Criador e Redentor merece que passemos a vida a louvá-Lo como O adoram no Céu os Anjos e os Arcanjos, mas quando lhe damos o culto que nos é possível, já fazemos parte desse coro celestial.

Um amigo meu, especialista em islamismo, confessava-me a sua confusão quando um muçulmano lhe disse:

— Vocês, afinal, não acreditam na presença de Cristo no Sacrário!

— Não acreditamos?! — quase se ofendeu.

— Sim, porque, se vocês cressem nisso, passariam o tempo prostrados diante do tabernáculo!

Ao que o meu amigo não soube como responder. Mas era fácil: não bastaria prostrar-nos continuamente; devíamos enterrar-nos pelo chão abaixo! Acontece que o Senhor quis ficar oculto sob a aparência de pão precisamente para que pudéssemos estar com Ele familiarmente, tal como conviviam com Ele Maria e José e os seus parentes, e os Apóstolos, os discípulos, as santas mulheres, Marta, Maria, Lázaro... É verdadeiro Homem e quer ser amado e adorado humanamente.

São Josemaria gostava de chamar "Betânia" ao Sacrário[1]: via-o como o nosso lar, o mais amável lugar do nosso encontro com

---

(1) Outra expressão do Fundador da Obra. Cf. *Caminho*, n. 322.

Ele. Os dois episódios relatados no Evangelho sobre as duas irmãs são exemplares: a naturalidade com que Marta, atarefada em preparar a refeição para cerca de vinte convidados, pede a Jesus que diga à irmã que a ajude, e o Senhor lhe responde que Maria faz muito bem em estar ali com Ele, e que não se preocupe tanto com o almoço. Ou a queixa de ambas por Ele não ter vindo mais cedo para curar o seu irmão, e Jesus pergunta a Marta se não sabe Quem é Ele, a Ressurreição e a Vida, e ela logo O confessa, cheia de fé, mas com a pena — pensava ela — de ter de esperar pela ressurreição final... E nessa naturalidade se inclui até o seu aviso aflito, quando o Senhor se dirige ao túmulo, de que o cadáver já cheira mal...

Enfim, é o retrato vivo da nossa intimidade com Deus, cheia de fé, de confiança e de aceitação rendida à sua Vontade, ainda que nos custe. É uma relação de amor, de família, humana e divina. É assim que o Senhor quer que O tratemos. Não veio para nos assustar nem esmagar, mas para conversarmos e para nos acompanhar nesta vida cheia de sobressaltos até alcançarmos a casa do Céu.

O burrico confia no dono. Sabe que lhe quer bem. Basta-lhe um gesto da cabeça, um breve zurro, um olhar, para lembrar qualquer necessidade, e até um capricho razoável. O dono é amigo. Nunca o defraudou.

11ª Lição

A PAULADA

O burro é humilde, sábio (à sua maneira), austero, dócil, etc. Mas é burro, e não deixa de o ser. E tem apetites. E os apetites distraem-no: ora um raminho aromático, ora umas ervas fresquinhas, ora uma burra a chamá-lo, ora o sono a desviá-lo, ora a querença do curral, ora algum cão a assustá-lo... E precisa de pancada.

Não se ofende, em geral. Sabe perfeitamente quando a paulada é merecida e quando a merece o dono. Mas, envergonhado ou vexado, volta sempre ao bom caminho.

Lembro-me sempre do meu burro, quando lhe deu para fugir por sua conta para o frescor do riacho. O Antônio da Emília correu ao Migarelho; e eu atrás dele. O burro já vinha de lá numa correria doida, que parecia uma locomotiva desenfreada. Mas o Antônio não teve medo: pôs-se no meio do caminho, pernas abertas e braços em cruz, e esperou-o como um toureiro ou um forcado espera o touro. E o burro, surpreendido, quase resvalou pelas pedras na operação de frenagem. Os olhos mostravam culpa. E voltou mansinho conosco.

É assim: todos precisamos de pancada, e devemos contar com ela. O Senhor castiga-nos? O Senhor repreende-nos? Qual é o filho a quem o seu pai não corrige? (cf. Hb 12, 7). O Senhor avisa-nos, de palavra e deixando-nos sentir as consequências desgraçadas dos nossos pecados. Aliás, todos os sofrimentos desta vida já são um castigo do pecado original e da série imensa de pecados, tão pouco originais, que temos cometido.

Não foi Deus que fez a morte (...). Deus criou o homem para a imortalidade (...); foi pela inveja do demônio que a morte entrou no mundo, lembra-nos o próprio Deus no Livro da Sabedoria (cf. 1, 13; 2, 24). Mas, podemos objetar, a Bíblia diz-nos que Deus castigou muitas vezes duramente o seu

Povo, e mesmo determinadas pessoas de maior responsabilidade!...

A ira divina! Cada vez me comove mais a ira divina! Que Deus se importe conosco! Que Deus se zangue comigo! Ele, Deus infinito, na sua glória sem fim! Eu, um verme de um planeta microscópico! Não se pode negar que me ama! Que sou realmente seu filho! Benditos sejam todos os seus "castigos"! "Por minha culpa, minha culpa, minha tão grande culpa!"

Ah, mas que culpa tinha Nossa Senhora, e sofreu tanto? E responderemos: E que culpa tinha o nosso Salvador? É a história da nossa Redenção, do sofrimento por amor, a Santa Cruz, para nos livrar da morte eterna. "A Dor é a pedra de toque do Amor" (*Caminho*, n. 439) Sofrer pelos outros é glorioso. Todas as civilizações o reconheceram. E a dor inocente é a melhor parte da nossa união com Cristo: *Bem-aventurados sereis quando vos insultarem, vos perseguirem e disserem falsamente toda a espécie de mal contra vós, por causa de Mim!* (Mt 5, 12) Mistério? Sim. O mistério do amor.

Mas não era disso que falávamos; tratávamos da pancada de que todos precisamos alguma vez, ou muitas. Pode vir por uma doença inesperada, por um acidente fortuito, como consequência dos nossos disparates, como penalidade legal, como correção paterna ou fraterna, como explosão de impaciência de quem nos atura. Ou por malvadez de alguém... Neste caso, custa-nos ainda mais. "É injusto!", protestamos. (Olha quem fala! — podiam replicar-nos —, você, que se tem fartado de dizer mal dos outros, sem saber o que diz!) Pois seja injusto; mas aproveitemos a injustiça. Quando nos dão uma pedrada, ficamos magoados, naturalmente; mas se a pedra contém pepitas de ouro, guardamo-la bem. Ora, as próprias calúnias contêm alguma verdade; aproveitemo-las. Assim fazem os santos, como São Josemaria, que, quando o caluniavam, pensava: nisto não têm razão; mas, se me conhecessem melhor, talvez dissessem coisas piores.

A verdade é que, se o conhecessem melhor, ficariam comovidos com o seu amor por eles; contudo, o pensamento é salutar;

todos os santos o usaram. Com mais rigor, portanto, devo eu tê-lo presente.

O jumento não estranha as fustigadas do dono; foi com elas que aprendeu a trabalhar, alimentar-se, retornar ao caminho e descansar como lhe convém.

12ª Lição

AS CONSOLAÇÕES

O burro sabe que, depois da paulada, vem a carícia. Nunca duvidou do bem-querer do dono.

Se Deus corrige, também consola. Basta o seu perdão; e Ele está ansioso por perdoar-nos. Esse é o maior mistério! Chega a dizer-nos uma coisa muito pouco "pedagógica": que se alegra mais por um pecador que faz penitência do que por noventa e nove justos que não precisam dela! E di-lo de um modo ainda mais maravilhoso na parábola do filho pródigo (Lc 15). O perdão para Ele — é uma festa! E uma festa de arromba!

E, além disso, que perdão! As faltas passadas, já as esqueceu. Já nem existem! O filho continua a recordá-las com pena, mas Ele, não: deixa para trás o passado: não foi tão bom voltarem a encontrar-se? Que amabilíssima "amnésia divina"!

Mas, nesse caso — podíamos pensar —, também o Senhor não se lembrará de algum bem que o filho tenha feito... Não é verdade: quando o vê regressar, lembra-se de tudo o que esse filho transviado fez de bom; nem que fosse dar *um copo de água fresca*! (Mt 10, 42). Os teólogos chamam a isso "revivescência dos méritos": após a absolvição, todo o bem revive; e todo o mal deixou de ter acontecido!

Mas, além dessa consolação, quantas mais ao longo da vida! A principal, porém, será sempre essa: estar na graça de Deus. Não há consolação maior do que a amizade com o Senhor. Aquela inscrição que se lê em muitos túmulos dos primeiros cristãos, *In Pace* — em paz — significa que a pessoa morreu "em paz" com a Igreja. É a mesma coisa. Quer dizer que não se separou da Igreja e, portanto, de Cristo, e portanto de Deus, fosse por heresia, por cisma ou por falta de arrependimento.

O Senhor quer consolar-nos, não só perdoando, mas dando-nos a certeza "física" do seu perdão através do sacramento da Penitência. Senão, quem saberia se estava perdoado? No sacramento da Confissão, ouvimos "fisicamente": —"Eu te perdoo!" E nessa altura, ainda que tenhamos cometido o mais grave delito, reconciliamo-nos com Deus e a sua Igreja, com toda a comunidade cristã na Terra, no Céu e no Purgatório.

"Eu te perdoo"! O sacerdote é Ele. A sua voz é dEle, de Deus ofendido, o Único que pode perdoar. Não a de um homem, pecador como qualquer um de nós. Ele o disse: *A quem perdoardes os pecados, serão perdoados; a quem os retiverdes, serão retidos* (Jo 20, 23). "E uma vez que Cristo confiou aos Apóstolos o ministério da reconciliação, os bispos, seus sucessores, e os presbíteros, colaboradores dos bispos, continuam a exercer tal ministério" (*Catecismo da Igreja Católica*, n. 1461). Que bom sermos perdoados! Por isso, São Josemaria chamava a esse sacramento "o Sacramento da alegria".

Que inveja de nós têm tantas pessoas sem fé, ou sem a nossa fé católica! Estou a lembrar-me de um bom amigo, protestante, que me confidenciava a sua grande pena por não admitirem a Confissão na sua comunidade. Porque a tinha experimentado uma vez num retiro que fizera noutra comunhão protestante — que a praticava excepcionalmente — e saiu do confessionário quase a cantar de felicidade. E recordo Somerset Maugham, que, no seu *The Summing up* ("Acerto de contas"), manifesta a mesma inveja do consolador Sacramento: que bom seria limpar de vez os erros passados!

Quantas vezes São Josemaria se referiu à comoção que desperta, até entre os não católicos, "um Deus que perdoa!", "um Deus" que é Pai! Que esquece todas as maldades do filho que se arrepende e regressa ao seio da família! E que Família! Imensa e mais aconchegada que nenhuma: a Santa Igreja!

Que alegria e paz o burro sente quando, com ou sem paulada, retorna ao bom caminho!

13ª Lição

O ESTUDO

Por acaso, a primeira revista de história em quadrinhos que conheci foi "O Senhor Doutor", uma revista ilustrada e lustrosa, cujo cabeçalho era um asno com óculos, lendo um livro aberto. Quem não se lembra daquela definição de doutor: um burro carregado de livros?...

O burro estuda? Se por estudo se entende aprendizagem, estuda, como nós: vai aprendendo com a vida e com o mestre, que é o dono. Dispensa os livros, é claro, que para nós são necessários. Os livros não lhe interessam, nem sequer como à cabra que roeu o celuloide das fitas de *E o vento levou...*

— Gostou do filme? — perguntou-lhe outra cabra.

— Gostei mais do livro...

Não, o jerico não rói papel, exceto no caso triste de tanta fome que é capaz de comer caixas de papelão..., como diz João Ubaldo Ribeiro.

Enquanto os animais aprendem por instinto, imposições e estímulos, o homem é "inter-ativo" na sua aprendizagem: desde o princípio "reage" pessoalmente, diversamente, ao que vai aprendendo. É muito mais diferenciado do que os animais; vai-se "formando" a si mesmo. É indivíduo racional, consciente e livre; desde criança, tudo o que assimila, assimila à sua maneira; e, como tudo lhe interessa (ao animal, só "interessa" o que lhe é necessário à sobrevivência e à reprodução), a todo o momento é "obrigado a ser livre", a escolher o que prefere, e não o que se lhe impõe. Também por esse motivo, sendo bem "suas" as opções que toma, por elas deve "responder", responsabilizar-se.

Não é um ser "instintivo". Embora possua apetites e tendências inatas, não é "determinado" por eles, como o animal. Tem de se determinar a si mesmo, racional e voluntariamente.

Prosseguindo por esta linha, só queria concluir: para se escolher bem, tem de se pensar bem; e para pensar bem, deve-se conhecer o que muitos outros já pensaram e disseram. Temos de ler. Além de racionais, somos seres sociais e seres históricos. Alguém definia o homem como o único animal que tem avós... E "sistema escolar", acrescentou outro.

Enfim, temos de estudar. O perigo é sermos cultos numas matérias e, noutras que mais importam, ignorantes crassos. É o que acontece a muito cristão, até ilustre nalguma ciência, que não sabe quase nada da sua fé; nem sequer folheou os Evangelhos. Pode ser muito avançado no seu ramo científico, mas o avanço mais importante é aquele que nos aproxima do Céu. E, se queremos imitar o burrinho inteligente que orienta as poderosas mulas; se, apesar da nossa pobre condição, queremos levar os outros à felicidade — a melhor liderança é a de quem ilumina com a fé os seus companheiros de existência.

Só a essa luz descobrimos o sentido pleno da vida, nossa e de todos. Mas, para tanto, é preciso que possamos dar *as razões da nossa esperança*, na expressão de São Pedro (1 Pe 3, 15). É conveniente aprofundarmos no Credo e comunicá-lo com "dom de línguas", carisma que São Josemaria entendia como o talento de expor e explicar a fé de modo adequado a cada pessoa, na sua "linguagem", isto é, de acordo com a sua cultura e mentalidade. *Fides ex auditu* (Rm 10, 17); a fé vem pelo ouvido. As nossas palavras devem ser claras a quem nos ouve. Depois, aceitá-las-ão ou não. Confiemos na graça de Deus. Mas todos sabem que só explicamos bem aquilo que aprendemos bem.

O conselho que costumo dar aos estudantes para obterem boas notas não é o de estudarem muitas horas, não.

— Isso era dantes! — digo-lhes para lhes despertar a curiosidade.

— Então, como é?

— Gostar do que se estuda!

Aquilo de que se gosta, aprende-se facilmente. O que não, por mais que cocemos os cotovelos, sabe-nos a palha. O que não seria mau para o jumento, mas para a gente...

— Mas é que eu não gosto mesmo! — protesta algum.

— Passe a gostar! Interesse-se, diverta-se, cante os livros, imagine o entusiasmo de quem os escreveu...

Temos de amar a Deus, não só com todo o coração, todas as forças e toda a alma, mas também "com todo o entendimento". Só quem ama pode conhecer verdadeiramente o amado, mas deseja conhecê-lo sempre mais. Lê e relê as suas cartas — e o que é a Sagrada Escritura senão uma longa carta de amor, como grandes santos disseram? —, mas não lhe basta; quer a sua presença — que no nosso caso nunca falta — e não perde ocasião de conversa: a oração.

Nunca se esgota o conhecimento de alguém, pois toda a pessoa é um mistério; quanto mais esse Alguém no qual *vivemos, nos movemos e somos!* (At 17, 28) Quanto mais esse Alguém que, sendo Deus, se fez Homem e continua "no meio de nós"!

O burro aprende sempre mais, não dos livros, é certo, mas da amizade que o dono lhe dedica, por gestos, por afagos ou por algum corretivo. Tudo isso são lições que ele vai aprendendo. E por isso nos ensina: ele próprio é um livro.

14ª Lição

A ESTRELA DA VOCAÇÃO

Numa das "misericórdias" a que nos referimos no começo, um Anjo enfeita o jumentinho com uma estrela na testa. É a estrela da vocação.

Bendito seja Deus e Pai de Nosso Senhor Jesus Cristo, que nos abençoou do alto dos céus com toda a bênção espiritual em Cristo. Ele escolheu-nos antes da criação do mundo, para sermos santos e imaculados aos seus olhos. No seu amor, predestinou-nos para sermos adotados como filhos seus por meio de Jesus Cristo, segundo o beneplácito da sua livre vontade, a fim de fazer resplandecer a sua maravilhosa graça, pela qual nos tornou gratos no Amado! (Ef 1, 3-6).

A fé não consiste só em acreditar numa série de verdades reveladas por Deus e confiadas em "depósito" à Igreja; a fé (quantas vezes os últimos Papas o têm repetido!) é o encontro pessoal com Cristo e, em Cristo, com o Pai, o Filho e o Espírito Santo. A Igreja é mais que uma "religião"; é uma Família. É um acontecimento, e que "Acontecimento"! A Encarnação do Verbo! Deus que se faz Homem — autêntico Homem, "nascido de mulher" — para que o homem seja filho de Deus.

Um acontecimento que se passa com cada um. Cada filho é único para os pais. Cada filho é diferente. Cada filho é insubstituível; não há nenhum como ele. Os pais sonham com cada filho e com a sua felicidade, diferente da dos outros. Deus, nosso Pai, "sonhou" comigo, com você, com aquele, com aquela, "antes da criação do mundo", "desde toda a eternidade", como se costuma dizer. E para cada um determinou um projeto de vida, dando-lhe todos os talentos necessários e todas as circunstâncias favoráveis ao seu cumprimento.

— Mas, se aquele morreu na infância!... — objeta alguém.

— Olhe que, entre dois anos e cem, a diferença é pouca. O que conta é a eternidade.

— Mas, se aquele outro é um doentinho mental!...

— Mais inocente será do que você!

Enfim, Deus é que sabe o que nos convém. "Deus sabe mais!", dizia com força São Josemaria. Esta vida é um teatro. Tanto faz representar de rei, como de miserável. O decisivo é que representemos bem o papel que o Senhor nos confiou. Um recebe dez talentos, outro cinco... Que importa?

De qualquer modo, sabemos que nos escolheu para determinada missão, que devemos tentar descobrir, embora só no Céu a vejamos perfeitamente. Mas para todos quer uma coisa certa: a santidade.

Aliás, não é intuitivo? Não é verdade que, desde muito cedo, pensamos no que havemos de ser "quando formos grandes"? Que significa isso? Que percebemos desde a mais tenra infância que temos de desempenhar um papel qualquer nesta "representação". Que temos de ser úteis aos outros, para pagar tanto que recebemos.

E como encontramos a nossa vocação? Pensando de que modo seremos mais felizes e renderemos mais. E logo vem o exame aos nossos gostos, às nossas capacidades, às possíveis "saídas" profissionais, sociais... Ou seja: o critério para descobrir o que Deus espera de cada um de nós é o de examinar as nossas "mais-valias" e as circunstâncias que condicionem o seu exercício.

Mais um critério: se Deus quiser. Se quiser outra coisa, essa é que será a nossa efetiva vocação. De uma coisa não duvidemos: todos somos chamados à santidade, à mesma santidade, como afirma o Concílio Vaticano II (cf. *Lumen gentium*, n. 41) e como São Josemaria já proclamava (com grande estranheza de muitos) desde 1928.

A questão não é essa; a questão é a de saber por qual caminho. Ninguém negará hoje que todos somos chamados a trabalhar. O problema não é esse; é o de saber qual a profissão preferível. De igual modo, numa família cristã, desde meninos, os filhos devem tomar consciência do chamamento de Deus à santidade e que isso é o mais importante da vida. E levá-los a pensar desde pequenos nos vários caminhos que a Igreja nos oferece.

Pobrezinhos!, dirão alguns; como aguentarão uma problemática tão elevada, tão transcendente? Pelo contrário! É a problemática que mais depressa percebem, que

102

mais as entusiasma e mais desejam resolver: de que maneira irão para o Céu, para viverem com Jesus e Nossa Senhora, com os pais e os manos, a avozinha e o avozinho, para sempre, para sempre, para sempre!

"Para sempre, para sempre!", foi o anseio que levou a menina Teresa de Ahumada a arrastar consigo o irmãozinho para terra de mouros, onde seriam mártires...

Precisamente para evitar tais imprudências infantis, é preciso explicar-lhes quanto antes como podem ser santos enquanto meninos e como depois hão de discernir bem o seu próprio caminho espiritual e apostólico: no casamento ou no celibato; no convento, na paróquia ou nas missões...

As crianças podem entender perfeitamente que a Igreja é uma grande Família, feita de muitas famílias, a começar pela sua, e multiplicando-se em famílias espirituais, monacais, conventuais, missionárias, seculares... Desde já, porém, hão de fomentar a disposição de darem a Jesus o máximo que puderem, como hão de pensar igualmente no máximo a darem na vida profissional.

As crianças são muito lúcidas quanto ao fundamental da sua existência. O perigo é depois, quando começam a perceber que os pais só se preocupam com o dinheiro, com as suas notas da escola, com a sua saudinha, com o seu futuro emprego; quando não os veem rezar; e sentem neles um sorrisinho irônico se lhes falam de Jesus... Aí começam os meninos a evitar perguntas importantes; aí começam a disfarçar o que lhes vai na alma; e daí a organizarem-se apenas para o sucesso social e econômico é um passo. Caíram na cegueira espiritual e vão de tropeço em tropeço até perderem — Deus não o permita — toda a lucidez.

— Como é que o menino quer o cabelo? — pergunta o barbeiro.

— Careca como o papai!

Mas a estrela ainda lá está. Apagada, coberta de pêlo grosseiro e poeira do caminho, mais parece uma chaga cicatrizada — que de vez em quando ainda arde. *A vocação de Deus é sem arrependimento*, diz São Paulo (Rm 11, 29). É sempre tempo de pô-la a brilhar.

15ª Lição

HOSANA!

A primeira saída "oficial" do burrinho foi um êxito estrondoso. Assustado pelo gentio que o cercava aos gritos de "Hosana! Hosana!", mas amparado pelo trote pausado e seguro da jumenta experimentada, sustenta no lombo um Homem, e, com passo nervoso, consegue manter a andadura correta e levar a sua carga até ao fim.

Atrapalham-no os mantos que lhe estendem aos pés. Que chão tão diferente ele pisa! Mas não dá tempo a grandes considerações; só sabe que tem de ir para a frente, nem sabe para onde...

Já dizia São João da Cruz: "Para ir para onde não sabes, tens de ir por onde não sabes". Por mais projetos que façamos (e devemos fazê-los, porque o homem vive do passado e para o futuro; os animais vivem só no presente), não nos esqueçamos de que o decisivo é a vontade de Deus. Por mais projetos que façamos, o que importa é o caminho pelo qual o Senhor nos conduz. E o que mais importa é levá-Lo conosco. E, levando-O conosco, mostrá-Lo a toda a gente pelas nossas boas obras, mas — note-se bem — *para que deem glória ao vosso Pai que está nos céus* (Mt 5, 16), não para nos gloriarmos nós.

Se nos tratam bem, não nos enganemos: é por descobrirem em nós algo que vem dEle.

— Padre! — perguntava descaradamente um de nós a São Josemaria —, por que gostamos tanto do senhor?

— Porque gostais muito de Nosso Senhor! — foi a resposta imediata. E tinha razão.

Ele próprio adotava como lema da sua vida "ocultar-se e desaparecer". O mesmo propósito de São João Batista: *É preciso que Ele cresça e eu diminua* (Jo 3, 30). É verdade que São Josemaría não se ocultava de ninguém e se mostrava a toda a gente, mas sempre para nos apontar "Jesus Cristo vivo", no dizer de São Paulo.

O burrinho não tem tempo para pensar em si; só tem olhos para o caminho. É um jumento responsável. Não sabe Quem leva em cima, mas nós sabemos que somos "cristóforos", portadores de Cristo! Por mais prosaica que seja a nossa vida, somos *o sal da terra, a luz do mundo, a cidade sobre o monte* (cf. Mt 5, 13-16): somos remédio contra a podridão, luz sobre a nossa condição de filhos de Deus, e sinal visível da Igreja!... A nossa missão é grandiosa: levar Cristo ao mundo! E urgente: o mundo tem necessidade imperiosa de cristãos coerentes (o que não significa perfeitos, mas esforçados, como já vimos). Portanto, não diga nenhum cristão que "não presta", se o Senhor lhe faz tais elogios! E avisa-o: Se o sal perde a sua força... para que serve? (cf. Mt 5, 13). Mas, com todos os seus defeitos — se os combate —, é importantíssimo e imprescindível! Vale mais do que todos os gênios e poderosos deste mundo... ou tanto como eles, se também eles querem ser bons cristãos.

Como o burrinho, não vemos Quem levamos conosco, ou seja, não nos capacitamos bem da nossa "utilidade" para os milhões de almas que anseiam por Deus. Só depois o saberemos. Contudo, pela fé, não podemos duvidar de que o Senhor tem sobre cada um de nós "desígnios de misericórdia", como o Anjo de Fátima revelava aos pastorinhos.

E tal certeza deve levar-nos a progredir em todas as virtudes. Aos quinze ou dezasseis anos, São Josemaria teve consciência de que Deus lhe iria pedir algo muito importante, mas só lho revelou onze anos depois. Nesse meio tempo, ele esforçou-se com imenso empenho em lutar pela santidade e fazer o maior apostolado possível. Tal empenho há de ser o de cada um de nós, lembrando-nos de tantos milhões de irmãos nossos que podemos ajudar com a oração, o sacrifício, o exemplo e a palavra.

Talvez nos sintamos fracos demais para elevar os outros. Não importa: "A fidelidade — ao serviço de Deus e das almas — que te peço sempre, não é o entusiasmo fácil, mas o outro: o que se conquista pela rua, ao ver o muito que há que fazer por toda a parte" (*Sulco*, n. 298). Não é o entusiasmo do grande especialista que trata de doenças complicadas, aumenta a clientela, publica nas melhores revistas, é chamado a congressos, e goza de uma bela conta bancária; é o do médico que vive no meio da pobreza, das endemias e epidemias que se podem curar com um simples cuidado higiênico, com um conselho, com um curativo, um comprimido, um desinfetante... O primeiro entusiasmo talvez esmoreça; este, nunca.

Com toda a tua fraqueza, levas Cristo. És valioso, és poderoso, muitos precisam de ti.

O burrinho apercebe-se de que leva uma carga muito especial, pois a multidão o cerca, agitando ramos e estendendo-lhe capas. Vai nervoso, mas contente com a animação que produz. Sente que traz a felicidade ao mundo.

16ª Lição

O BURRO DE ROMARIA

Ajaezado a preceito, sela de couro luzente, arreios enfeitados, todo ele é uma festa. Já pressente que vai ser um dia especial: cheiros diferentes — a flores —, agitação desusada, risos, cordas de viola a afinarem, o estalo de um rojão, a voz do dono a cantar, eia, aí vamos! E uma alegre palmadinha é a ordem de partida.

Toda a festa, no fundo, é religiosa, dizia Pieper. Mesmo a mais disparatada. Porque pular e dançar significa estar de acordo com Deus: é bom viver! A vida merece festejo! Não podemos passar o tempo em festanças, sem dúvida, mas há de haver tempo para elas. Senão, seríamos ingratos.

E nessa altura, beleza! Traje de domingo, barba feita e um bom cheirinho, sapato de casamento, e até costas mais direitas, leves como as de um potro a brincar.

A elegância é um valor. Não tão superficial como à primeira vista parece. É uma expressão indispensável da nossa dignidade humana, porque somos corpo e alma, e o corpo merece tantos cuidados como a alma. Por outro lado, é respeito e caridade para com o próximo. Um homem ou uma mulher enxovalhados, além de não se respeitarem a si mesmos, mostram desconsideração para com os outros.

Ninguém tem obrigação de ser "bonito", mas todos podem e devem ser elegantes, no melhor sentido: cuidados, limpos, bem apresentados. "Nunca percaindes a chança!", recomendava, na sua linguagem minhota, uma boa mãe às suas filhas casadouras. Traduzido: nunca percais a elegância, depois de casadas. Quantas vezes o recomendava São Josemaria às mulheres! E aos maridos.

Elegância não quer dizer seguir a moda; mas também quer dizer seguir a moda. Vestir à moda antiga, por mais elegante que haja sido, é uma palhaçada. Só que há modas lamentáveis que não se devem seguir. Nem é preciso dar exemplos. Nesses casos, fazem-se modas paralelas, e acabou-se.

Ser elegante — dizia uma estilista de renome — consiste em vestir de tal modo que nos sintamos à vontade no ambiente em que estivermos. Num baile, quem estará à vontade com uma botifarra do campo? No campo, quem se sentirá bem com sapatos de verniz? Em casa, quem cozinha com casaco de *vison*? Etc. Quem realça o corpo na praia, sentir-se-á mais manequim do que gente; e se é no trabalho, mais visita do que colega. Ser elegante é diferente de ser vistosa ou vistoso. A roupa não deve sobrepor-se à pessoa. Nem inferiorizá-la.

Só um caso particular: é pena que nos últimos anos se tenha feito de "bom-tom" vestir-se de passeio ou de desporto para assistir à Missa aos domingos, reservando a "correção" para o trabalho e os negócios. Isso só pode significar que o domingo passou de "Dia do Senhor" para "dia de relaxo". Que depois ou antes da Santa Missa o pai se traje de ciclista, o filho de surfista, a filha de nadadora, e a mãe de empregada doméstica, vá lá, é compreensível; mas que se desleixe a elegância pessoal quando se participa do Santíssimo Sacrifício da Missa, é lamentável.

O burro de romaria lembra-nos que os principais festejos de um cristão são as celebrações da nossa Redenção, e, em primeiro lugar, a Ressurreição de Jesus, penhor da nossa felicidade eterna, em corpo e alma, no Céu. É o que celebramos todos os domingos e mais solenemente na Páscoa. Mas o ano inteiro é curto para tantas efemérides da nossa imensa Família espiritual, a começar pelas festas da Mãe de Deus e nossa Mãe, Maria Santíssima.

São Josemaria promoveu e fomentou a prática do velho costume cristão da "romaria", a que ele deu um peculiar caráter: a visita a pé a um santuário de Nossa Senhora, rezando um terço à ida, outro no templo ou ermida, e outro no regresso. É um costume simples, normalmente acessível a qualquer pessoa, no campo ou na cidade, em honra de Maria, que tem cativado milhões de fiéis e até pseudo-descrentes que não resistem ao seu encanto humano e sobrenatural.

O burrinho aperalta-se para levar ao lombo o dono, mais elegante que nunca, em dia de romaria.

17ª Lição

O BURRINHO CANSADO

É condição humana o cansaço. "Não somos de ferro", diz-se, mas até o ferro se "fatiga", na terminologia dos mecânicos. Toda a criatura é limitada e experimenta fatalmente os seus limites. De energias e de tempo. Por vezes, esquecemo-nos. E depois vêm as "crises" de idade. Não deviam surpreender-nos.

Fala-se da crise da adolescência, dos quarenta anos, dos sessenta... E da dos vinte e seis anos? Já ouviram falar? Foi há muitos que soube dela. Um amigo meu, dessa idade, entrou numa estranha indisposição de enjoos que nos preocuparam. Chamamos outro amigo, médico.

— Bem, esses enjoos não são da minha especialidade — riu-se ele —, mas vou já.

Era ginecologista. Mal chegou, com uma apalpação e uma olhadela, diagnosticou:

— Ora, ora! Isto é a crise dos vinte e seis anos!

Ficamos perplexos, e ele explicou: por essa idade, geralmente, a gente concluiu um curso, arranjou trabalho (bons tempos!), comprou casa, casou, teve um filho, conseguiu outro emprego, manteve o futebol com os amigos solteiros, meteu-se na política, ou no negócio do sogro, não dormiu... e rebentou! Não era bem esse o caso: tratava-se de um sacerdote. Mas tanto faz: nessa idade julgamo-nos de uma energia inesgotável; não sentimos ainda as nossas limitações; e temos pressa de realizar todos os sonhos havidos e por haver. E podemos rebentar, sobretudo se não fazemos tudo por amor de Deus.

"O teu mal é sono", diz-se às vezes de brincadeira, mas possivelmente com muita razão. Quantos disparates, angústias, irritações e tentações, apenas por não dormirmos o suficiente! Chega um homem ao fim de um dia de trânsito (sim, horas metido no carro, exasperado porque a fila não avança) e ao cabo de horas de trabalho, almoçando rapidamente, até regressar a casa para o jantar tardio, já com os filhos na cama e a mulher sonolenta, esgotada também pelo mesmo processo; encontra-a já pasmada diante da televisão. É a única ocasião de discutirem e de se queixarem dos chefes. E ali acabam por ficar ambos, boquiabertos, a ressonar. Lindo descanso!

Não queremos reconhecer que somos como as crianças: quando não dormem, fazem birra e ninguém sabe o que querem. Faltando o sono, falta no dia seguinte a capacidade de concentração, de ordem, de laboriosidade. Já dizia São Jerônimo: "Quando o burro vai cansado, encosta-se a todas as esquinas".

O nosso burrinho é sensato. Quando vem a noite, dorme.

18ª Lição

O PANDEIRO DOS ANJOS

O burrico morre a trabalhar, e, "mesmo depois de morto, continua a servir", rematava São Josemaria. A sua carne enterra-se e serve de alimento a uma árvore, e da sua pele fazem-se tambores e pandeiros para cantar ao Deus-Menino.

Para o Ivan Ilitch de Tolstói, a morte foi uma descoberta sensacional: não existe! Bem queria comunicar a sua alegria à mulher e aos filhos, mas já não pôde. Porque, além disso, sabia que Deus o amava e estava desejoso de lhe perdoar toda a sua mediocridade. "Que alegria!", foi a sua última exclamação.

Qual alegria? A sua? Não, a de Deus! É que nesse instante o nosso coração, aqui dividido entre o amor-próprio e o amor a

Deus e ao próximo, faz um completo giro de 180 graus, e já não lhe interessa absolutamente nada a sua própria felicidade. Descobre a imensa beleza divina e a paixão de Deus por ele, com quem "sonhou antes do começo dos tempos", de quem cuidou providencialmente ao longo de toda a existência, a quem perdoou todos os pecados sempre que se arrependeu, e que o espera no Céu para o fazer entrar "no gozo do seu Senhor", na sua própria felicidade infinita!

E aquela alma já não cabe em si de contente, não por si, mas por Deus, por ser Ele Quem é, merecedor de toda a glória e poder e adoração e admiração e gratidão!

Já na terra experimentamos essa espécie de amor, que é o amor autêntico: quando nos sentimos mais felizes pela felicidade alheia do que pela nossa. Por um filho que triunfou, por um irmão que se tornou um herói, pelo pai que foi homenageado, por um amigo que se curou... Ou quando fomos generosos e nos sacrificamos por alguém. Enfim, sempre que descobrimos a grande verdade do que Jesus declarou: *Há mais felicidade em dar que em receber* (At 20, 35).

"O meu céu", dizia-nos São Josemaria, "será estar lá num cantinho, e ver os meus filhos mais alto do que eu!". São Paulo chegava ao exagero de dizer que, se fosse possível, preferia ser ele condenado para que se salvassem os seus irmãos do Povo Escolhido.

O burrinho continua a servir, mesmo depois de enterrado. E nós, que continuaremos vivos em Deus, continuaremos a servir, e muito mais do que na Terra.

Há quem estranhe — e até negue — a intercessão dos santos. Por quê tantas intercessões, se temos a de Cristo, Deus e Homem verdadeiro, Sacerdote — e único Sacerdócio — da Nova Aliança? Não se compreendeu que, precisamente pela sua única e onipotente Mediação (sacerdote quer dizer mediador), dela participam todos os seus "membros", pois todos fazemos parte — viva — do seu Corpo Místico. Místico significa misterioso, neste caso referindo-nos ao maravilhoso mistério dessa união vital com Ele, pelo Batismo: *Eu sou a cepa; vós os ramos* (Jo 15, 5). Unidos vitalmente a Cristo, formamos um tecido, uma rede, um corpo, em que todos os órgãos e membros são interdependentes e se servem uns aos outros. Ou, se preferimos a imagem da família, onde cada um se sente responsável pelos outros e todos se "servem" mutuamente. Até o mais pequeno dos filhos avisa à mãe que o mano se feriu, ou de que tocaram à porta, e logo a quer ajudar...

Que é a família, senão uma rede de inter-cessões, por amor, por co-responsabilidade? Cada um contribui segundo as suas capacidades para o bem comum. Até o mais pequeno...

Lembro-me de uma senhora que voltava do seu retiro espiritual, tendo distribuído as tarefas da casa pelo marido e os filhos. Que alegria, ao verificar que as tinham cumprido e a casinha estava em ordem!

— E tu, que fizeste? — perguntou ao mais novinho.

— Eu? Não estorvei!

Pelo menos, isso: não estorvar a graça de Deus; ser canal despoluído, limpo, da Sua graça para as outras almas.

Sim, "trabalharemos" muito no Céu, dando toda a glória a Deus, inter-comunicando a nossa felicidade e "espalhando o bem pela Terra", na expressão de Santa Teresinha.

No fundo, a última lição do burrinho é a primeira de todas.

Direção geral
Renata Ferlin Sugai

Direção editorial
Hugo Langone

Produção editorial
Juliana Amato
Gabriela Haeitmann
Ronaldo Vasconcelos
Roberto Martins

Capa
Provazi Design

Diagramação
Sérgio Ramalho

ESTE LIVRO ACABOU DE SE IMPRIMIR
A 23 DE MAIO DE 2025,
EM PAPEL OFFSET 75 g/m².